처칠은 제2차 세계 대전을 연합국의
승리로 이끈 영국의 위대한 정치가입니다.
세계 역사를 살펴보면 여러 나라들의 수많은 이해 관계
때문에 평화가 깨진 위험한 순간들이 참 많았지요. 인류 역사상
가장 끔찍했던 제1, 2차 세계 대전을 겪은 윈스턴 처칠은
전쟁의 소용돌이 한가운데에 있었어요. 그는 두 차례의 전쟁을
평화로 이끌면서 20세기 세계 정치사에 깊이 관여하고
역사 속에 '평화의 수호자'로서 이름을 남겼습니다.
이 내용은 중등 교과서 〈사회〉 '제2차 세계 대전과
전후의 세계'와 연관됩니다.

추천 감수 김완기
- 한국아동문학회 중앙위원장, 한국아동문학연구회 수석부회장,
  국제펜 · 한국문인협회 · 한국저작권협회 회원.
- 초등학교 국어 교과서 집필 · 심의위원, 서울서래초등학교 교장 역임.
- 서울신문 신춘문예 동시 당선.
- 한국아동문학작가상, 한정동아동문학상, 대한민국동요대상 등 수상.
- 동화집 〈내 배꼽이 더 크단 말야〉 등 여러 권,
  동시집 〈엄마, 이게 행복인가 봐!〉,
  이야기책 〈마음이 따뜻한 101가지 이야기〉 등 다수의 어린이 책을 썼습니다.

추천 감수 이창수
- 한국문인협회 아동문학분과 회장, 한국아동문예작가회 명예회장,
  한국아동문학회 부회장, 국제펜 회원.
- 어린이 전문 출판사의 편집장, 주간 등 역임.
- 한국아동문예작품상, 한국아동문예상, 한국아동문학작가상, 김영일아동문학상 수상.
- 〈파란 꿈을 먹은 아이들〉, 〈따뜻한 남쪽 나라〉, 〈공포의 진주 동굴〉, 〈우주 여행〉, 〈구조대원 곰돌이〉,
  〈화성인과 아기 도깨비〉, 〈백두산에서 감나무골까지〉, 〈바닷속 동굴에서 만난 사람〉, 〈정수가 위험해〉 등
  200여 권의 어린이 책을 썼습니다.

추천 감수 송명호
- 한국아동문학회 회장, 한국문인협회 상임이사.
  국제펜클럽 한국본부 이사.
- 제1회 문화공보부 5월 예술상, 제1회 소년한국 문학상,
  소천아동문학상, 한국문학상, 대한민국문학상, 국제펜문학상 수상.
- 동시집 〈다섯 계절의 노래〉, 동화집 〈명견들의 행진〉,
  영화 시나리오 〈소만 국경〉, 방송극 〈개벽〉,
  장편 아동 소설집 〈전쟁과 소년〉(전5권), 〈똥딴지 독도 탐방대〉,
  동극집 〈어린이 살롱 드라마〉와 〈한국 · 세계 위인 전기〉(전집) 등을 썼습니다.

추천 감수 이상현
- 한국문인협회 이사, 국제펜클럽 한국본부 감사, 한국아동문학회 수석부회장.
- 조선일보 기자, 서울 교통방송 편성국장, 숙명여대 및 인하대 강사 역임.
- 1962년 경향신문 신춘문예 동시 당선.
- 1979년 〈현대 시학〉 시 추천 완료.
- 한국문학상, 국제펜문학상, 세종아동문학상, 소천아동문학상, 김영일아동문학상, 한국동시문학상 등 수상.
- 동시집 〈햇빛마을 가는 길〉, 동화집 〈짝꿍〉 등 다수의 어린이 책을 썼습니다.

글 이복자
- 한국문인협회, 국제펜클럽 한국본부, 한국아동문학회, 한국동요작사작곡가협회, 한국동요음악연구협회 회원,
  한국아동문학연구회 운영위원, 풀꽃아동문학회 부회장, 아동문학 물방울 동인, 강남 시문학회 동인, 글핀샘 동인.
- 현재 경기도 남양주시 동화중학교 교사.
- 시집 〈별과 나 사이〉, 〈가을 숲에는 배울 이별이 있지만〉, 〈내 안에 피워둔 불꽃〉, 〈배꼽에 다시 탯줄 세우고〉,
  동시집 〈떡볶이 친구〉, 〈한눈팔지 말걸〉, 〈입장 바꿔 생각해 봐〉, 〈참 아름다운 동시〉,
  유아 동화 〈우리 나라는 언제 생겼을까〉, 〈좁쌀 한 톨로 장가든 총각〉 등 다수의 어린이 책을 썼습니다.

그림 김혜연
- 세종대학교 회화과 졸업.
- 프리랜서 일러스트레이터로 활동 중.
- 〈아이언 마스크〉, 〈링컨〉 등의 어린이 책에 그림을 그렸습니다.

■ 〈교과서 큰 인물 이야기〉는 한국아동문학회 회원 550여 분의 문인
선생님들께서 '어린이들에게 바람직한 인성과 가치관을 길러 주며,
쉽고 친절한 문장과 알찬 지식으로 어린이들의 독서 활동에 유익한
도움을 주는 책'으로 추천해 주셔서 한국아동문학회 출판문화대상
을 수상했습니다.

교과서 큰 인물 이야기 74 처 칠

펴낸날 2007년 1월 10일 발행 | **펴낸이** 박연환 | **펴낸곳** (주)한국헤르만헤세 | **출판등록** 제17-354호 | **본사** 경기도 성남시 분당구 금곡동 444-148 한국헤르만헤세 빌딩 | **대표전화** (031)715-7722 |
팩스 (031)786-1001 | **고객문의** 080-715-7722 | **편집 책임** 김원선 | **디자인** 장선희, 김영주, 전선아 | **교정** 양은하, 이효선 | **교정 진행** 김진형, 정현희, 김승현, 허영란 | **이미지 제공** 연합포토, 엔싸이버 포토
렌탈, 이미지클릭, 국립중앙박물관 | ⓒ2007 Korea Hermannhesse | 이 책의 저작권은 (주)한국헤르만헤세가 소유하고 있으므로 본사의 동의나 허락 없이 내용이나 그림을 어떠한 방법으로도 사용할 수 없습니다.
주의 본 교재를 던지거나 떨어뜨리지 않도록 주의하십시오. 다칠 우려가 있습니다. 고온 다습한 장소나 직사광선이 닿는 장소에는 보관을 피해 주십시오.

처 칠
Winston Churchill

글 이복자 | 그림 김혜연

한국헤르만헤세

20세기 영국의 위대한 정치가

처칠은 어렸을 때 공부를 잘하지 못했어요. 아주 개구쟁이인데다 고집도 센 아이였지요. 하지만 처칠은 자신의 힘과 노력을 나쁜 일에 쓰지 않고 좋은 일에 쓸 줄 알았어요.

처칠은 그가 나고 자란 영국만이 아니라 세계의 역사에 위대한 인물로 남아 있어요. 자신이 살아온 삶이 세계의 역사에 남을 만큼 자랑스러웠기에 스스로 손을 들어 'V자'를 그릴 수 있었던 거예요.

위인전을 읽다 보면 헬렌 켈러처럼 보지도, 듣지도, 말하지도 못하면서 장애인을 돕는 사람도 만나고, 테레사 수녀처럼 자신도 굶으면서 일생 동안 남을 위해 기도하고 봉사하는 사람도 만나고, 에디슨처럼 공부를 못해 학교에서 쫓겨났지만 위대한 발명가가 되는 사람도 만나게 되지요.

어쩌면 그들은 바보처럼 살았는지도 몰라요. 그렇게 힘들고 어려운 일을 왜 일부러 했을까 이해하기 어려울 수도 있겠지요. 그러나 그들의 발자취는 우리의 마음을 바로 세우는 데 큰 힘이 되어 준답니다.

처칠도 죽음을 무릅쓰고 전쟁터를 뛰어다니며, 인류의 평화를 위해 평생 자신의 지혜와 용기를 모두 쏟아부었지요. 전쟁의 불길 속에 과감하게 목숨을 던지는 노력과 발자취가 그를 세계적인 위인으로 만든 것이랍니다.

훌륭한 삶을 산 위인들의 훌륭한 발자취를 살펴보면 그들의 땀과 노력, 지혜와 용기, 의지와 희생에 대해 감동을 받게 되지요. 그 감동이 우리들의 가슴속에 깊이 자리 잡는다면, 때로는 바위처럼 단단하고 때로는 기둥처럼 든든한 힘이 되지 않을까요?

글쓴이 이 복 자

교과서 큰 인물 이야기 74

처 칠

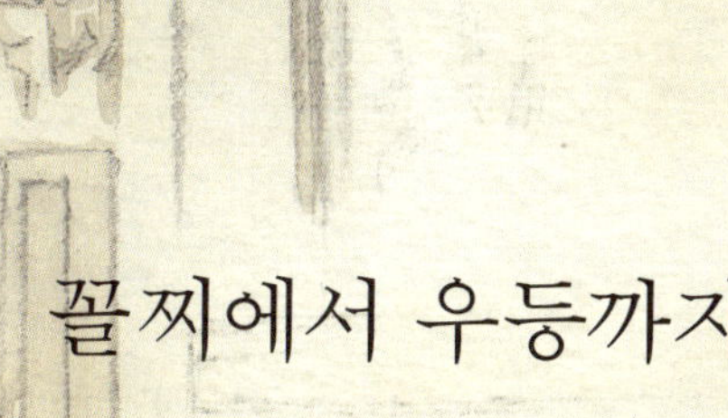

꼴찌에서 우등까지

바람이 시원하게 불어오는 어느 여름날, 영국의 한 커다란 저택에서는 성대한 무도회가 열리고 있었어요. 유명한 집안의 자제*들이 많이 참석한 무도회였어요.

'아, 정말 아름다운 아가씨구나!'

문에 기대서서 사람들이 춤추는 모습을 바라보던 랜돌프는 환하게 웃으며 서 있는 한 아가씨를 보고 한눈에 반해 버렸어요. 자기도 모르게 아가씨 앞으로 다가간 랜돌프는 손을 내밀며 말했어요.

"같이 춤추실까요?"

두 사람은 함께 춤을 추면서 이내 가까워졌어요.

"이렇게 예쁜 아가씨의 이름을 물어보는 것이 실례가 되지 않을까요?"

공손한 랜돌프의 질문에 아가씨는 수줍게 대답했어요.

"저는 제니 제롬이라고 해요. 미국에서 왔어요."

그녀의 부드러운 목소리는 아름다운 음악처럼 들렸어요. 랜돌프의 명랑하고 친절한 태도는 제니의 마음을 사로잡았지요.

그날 이후로 둘은 매우 가까운 사이가 되었어요.

"제니 양, 저와 결혼해 주시겠습니까?"

어느 날, 랜돌프가 제니에게 청혼을 했어요. 그러자 제니도 생긋 웃으며 고개를 끄덕였어요. 그러고는 흰 손을 내밀었어요.

그러나 랜돌프의 아버지는 아들의 결혼을 반대했어요. 나라도 다르고, 명문* 집안도 아니라는 이유에서였지요. 제니네 가문도 미국

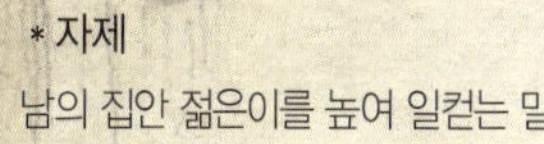

명문이었지만, 영국에서 몇백 년이나 이어진 전통 있는 명문 귀족
하고는 비교할 수가 없었거든요.

하지만 결국 랜돌프는 아버지의 반대를 물리치고 1874년 4월 15
일, 파리에 있는 영국 대사관*에서 결혼식을 올렸어요. 이때 랜돌프
의 나이 스물다섯 살, 제니는 스무 살이었어요.

랜돌프는 행복했어요. 아름다운 제니를 아내로 맞이했고, 얼마
후면 첫 아이도 태어나게 되니까요.

"제니, 이제 배가 많이 불러 힘들 텐데 사람들이 많이 모이는 곳
에는 나가지 않는 게 좋겠소."

"네, 주의할게요. 하지만 전 사람들이 많이 모여 있는 곳이 좋은
걸요."

제니는 그렇게 대답하고 남편을 따라 무도회에 나가 즐거운 시간
을 보내고 있었어요.

그런데 갑자기 제니는 배에 통증을 느꼈어요. 식은땀이 흐르고
몸에서 기운이 쭉 빠지는 것 같았어요.

'아기가 태어나려나?'

제니는 서둘러 침실로 향했어요. 하지만 복도를 걷는 동안 아픔
은 참을 수 없을 정도가 되었어요.

"제니, 조금만 더 힘을 줘요, 조금만 더!"

"아악!"

잠시 후, 갓난아이의 우렁찬 울음 소리가 들렸어요. 씩씩한 사내
아이였어요. 예정보다 두 달이나 일찍 태어났지만 아주 건강한 아
기였답니다.

아기의 이름은 '윈스턴 레너드 스펜서 처칠' 이었어요. 큰 공을 세
운 조상들의 이름을 모두 붙인 긴 이름이었지요. 이 아기가 후에 제
2차 세계대전의 포화* 속에서 전세계를 구한 영국의 수상, 윈스턴
처칠입니다.

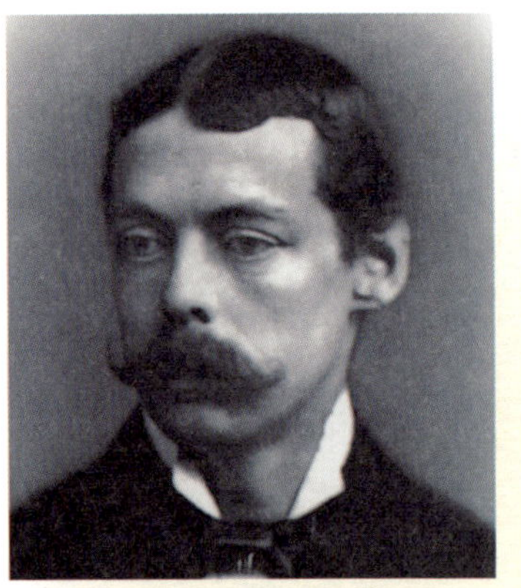

▲ 처칠의 아버지 랜돌프와 어머니 제니.

처칠은 무척 말썽꾸러기에다 장난도 심한 아이였습니다. 공부에는 통 관심이 없었지요. 아버지 랜돌프는 그런 아들이 늘 걱정이었어요.

'저 아이가 자라서 무엇이 되려나. 아직 어린아이이긴 하지만…….'

처칠이 세 살 되던 해, 할아버지 말버러 공작이 아일랜드* 총독*에 임명되었어요. 처칠도 할아버지와 함께 아일랜드의 더블린으로 갔어요. 그곳에서도 처칠은 뛰어다니며 놀기만 좋아했어요.

이제 처칠에게도 교육을 받아야 할 때가 돌아왔어요.

* 아일랜드
영국의 위쪽 아일랜드 섬에 자리한 나라로, 12세기 영국의 식민지가 되었어요. 원래 가톨릭 교도가 대부분이었던 아일랜드 사람들은 신교도인 영국인들과 많은 마찰을 빚었어요.

* 총독
식민지에서 정치·군사 등 모든 통치권을 맡아보는 관직, 또는 그 관직에 있는 사람.

▲ 어린 시절 무척 개구쟁이였던 처칠.

"도련님, 곧 선생님이 오실 겁니다. 열심히 공부하셔야 해요."

"칫, 난 그런 거 싫어!"

드디어 무서운 가정교사가 왔어요. 그런데 처칠의 모습이 보이지 않았어요. 커다란 나무 뒤에 숨어 있던 처칠은 결국은 꼼짝없이 가정교사 앞으로 끌려왔어요.

하는 수 없이 처칠은 가정교사와 함께 공부를 시작했지요. 글은 그럭저럭 읽게 되었으나 수학만은 아무리 노력해도 실력이 늘지 않았어요.

1879년, 처칠은 다시 영국으로 돌아왔고, 그 다음 해에 할아버지 말버러 공작은 아일랜드 총독 자리에서 물러났어요.

일곱 살이 되어 학교에 입학할 나이가 되자, 처칠은 귀족 가문 아이들이 많이 다니는 세인트 제임스 학교에 들어가게 되었습니다. 하지만 학교는 너무 엄격했고 재미있는 일이라고는 눈을 씻고 찾아봐도 없었어요. 처칠은 학교가 점점 싫어졌어요.

어느 날 처칠은 라틴 어* 숙제를 하지 않아 교장 선생님께 매를 맞았습니다. 처칠은 매를 맞는 동안 입을 꾹 다물고 소리 한 번 지르지 않았어요. 그리고는 찡그린 얼굴로 교장 선생님을 쏘아보았습니다.

"윈스턴 처칠, 넌 정말 구제 불능*이구나!"

교장 선생님이 화를 내며 나간 후에 처칠은 두고 간 교장 선생님의 모자를 꾹꾹 짓밟았습니다.

라틴 어 공부를 하지 않아 처칠의 성적은 언제나 꼴찌였어요. 처칠의 머릿속은 방학이 되면 집에 돌아가 장난감 병정을 가지고 놀 생각으로 꽉 차 있었어요.

더 이상 학교에 다닐 생각이 들지 않던 어느 날, 처칠은 그만 병이 걸려 세인트 제임스 학교를 그만두게 되었습니다. 한동안 집에서 요양*을 한 후 처칠은 브라이튼 학교로 전학을 했어요.

브라이튼 학교의 교장 선생님은 아주 친절했어요. 게다가 라틴
어 수업도 없었고 좋아하는 승마와 수영을 마음껏 즐길 수 있었지
요. 처칠은 점점 학교 생활의 재미를 알아 가기 시작했어요.

브라이튼 학교를 졸업하고 유명한 상급학교인 해로 학교에 입학
시험을 보는 날이 되었습니다.

"지금부터 라틴 어 시험을 시작하겠어요."

그러나 처칠은 답안지에 자기 이름과 문제 번호인 1만 썼을 뿐,
나머지는 손도 대지 못했어요.

시험이 끝나고 학생들의 답안지가 웰링턴 교장 선생님에게 전해
졌습니다.

"아니, 이런……."

교장 선생님은 처칠의 답안지를 보고 놀랐어요. 하지만 역사와
영어, 작문 등 다른 과목의 성적이 매우 좋았기 때문에 입학을 허가
했습니다.

라틴 어 성적은 엉망이었지만, 학예회 때는 '고대 로마의 노래' 라
는 긴 시를 한 글자도 틀리지 않고 외워서 큰 상을 받았어요. 처칠
은 수영과 펜싱*을 좋아했는데, 특히 펜싱은 전국 공립학교 대회에
서 우승을 할 정도로 뛰어난 실력을 지니고 있었답니다.

처칠은 장난감 병정을 매우 많이 갖고 있었어요. 어
렸을 적부터 그것으로 전쟁놀이 하는 것을 가장 좋
아했지요.

어느 날, 방학 때 집에 돌아와 동생 잭과 전쟁
놀이를 하고 있는 처칠에게 아버지가 물었어요.

"윈스턴, 전쟁놀이가 그렇게 재미있니?"

"네, 아버지. 저는 나중에 커서 용감한 군인이
되고 싶어요."

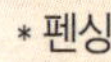

* 펜싱
철망으로 된 마스크를 쓰고, 검을 쥔 두 사
람이 마루 위에서 '찌르기', '베기' 등의 동
작으로 승부를 가리는 경기. 사용되는 칼에
따라 에페, 플러레, 사브르 등 세 가지로 나
뉘지요.

"그럼 샌드허스트 육군 사관학교*에 가면 되겠구나."

마침내 자신이 할 일을 찾아낸 처칠은 뛸 듯이 기뻤어요. 아버지는 그런 아들의 모습을 안타깝게 바라보았어요. 사실 아버지는 처칠이 해로 학교를 졸업하고 옥스퍼드 대학에 가기를 원했어요. 훗날 아들이 정치가로 이름을 날리길 바랐던 것이지요.

처칠은 해로 학교에서 4년 반 동안 공부했어요. 그 중 3년은 육군 사관학교를 지원할 셈으로 군사반 예비 과정에 있었어요.

여기서도 처칠의 수학과 라틴 어 성적은 언제나 꼴찌였어요. 그 때문에 샌드허스트 육군 사관학교 입학 시험에서 두 번이나 떨어졌어요. 처칠은 한 번 더 도전해 보기로 하고 육군 사관학교의 예비 학교에 들어갔어요.

그 해 겨울, 동생 잭과 함께 반머스에 있는 작은어머니 댁에 놀러 간 처칠은 동생과 술래잡기를 하다가 그만 10미터 골짜기 아래로 굴러 떨어졌어요.

처칠은 의식을 잃은 채 움직이지 않았어요. 의사가 달려와서 치료를 했지만 처칠은 3일 동안이나 깨어나지 못했어요. 간신히 정신을 차린 후에도 1년이나 병상에서 지내야 했답니다.

어느 날 아버지가 엄하게 타일렀어요.

"넌 이제 열여덟 살이야. 이젠 정신 차리고 네 장래를 진지하게 생각했으면 좋겠구나."

처칠은 아버지의 말을 깊이 새겨듣고 예전보다 더욱 열심히 공부하기 시작했습니다. 게으름을 피우던 수학 공부도 열심히 했어요.

처칠은 세 번째에 간신히 샌드허스트 육군 사관학교 입학 시험에 합격했어요. 입학 성적이 좋은 학생은 대개 보병*이 되고 나머지 성적이 좋지 않은 학생은 기병*이 되었는데, 처칠은 입학 성적이 좋지 않아 기병이 되었어요.

육군 사관학교는 처칠의 실력을 충분히 키울 수 있는 곳이었어요. 그토록 싫어하던 라틴 어도, 수학도 없었어요. 있는 것은 전쟁하는 기술, 군인이 알아야 할 규칙 등 아직 배워 보지 못했던 과목들뿐이었지요. 체력을 키우기 위해 만들어진 체조, 승마 같은 과목은 처칠이 매우 자신 있는 과목이었어요.

그 무렵, 아버지 랜돌프의 건강이 많이 나빠졌어요. 정치가로 활약하던 아버지는 쉬어야 한다는 의사의 말에 따라 세계 여행을 떠나기로 했어요. 처칠이 런던 역까지 배웅을 나가 만난 아버지는 몹시 약해 보였어요.

얼마 후, 아버지는 갑자기 병이 심해져 여행을 멈추고 런던으로 돌아왔어요. 그리고 마흔여섯 살의 젊은 나이로 생을 마쳤어요.

해로 학교 시절에는 꼴찌였던 처칠이 드디어 우수한 성적으로 육군 기병 소위의 자격을 얻었어요. 1895년 3월, 처칠은 제4 경기병* 연대의 소위로 임명되어 군인 생활을 시작하게 되었어요. 그의 나이 스물한 살이 되던 해였습니다.

▲ 학창 시절의 처칠.

*보병
걸어서 전투하는 군인.

*기병
말을 타는 군인.

*경기병
장비를 가볍게 차린 기병.

몸으로 뛰는 청년 장교

▲ 열정이 넘쳤던 청년 장교 시절의 처칠.

＊토착민
대대로 그 고장에 살고 있는 백성.

＊게릴라 전
숨어 있다가 옆이나 뒤를 빠르게 공격하는
전투.

＊종군
싸우러 전쟁터에 나감.

＊기동대
빠르게 이동하며 싸우는 부대.

＊유격대
주로 게릴라 전을 펴는 부대.

젊음과 패기가 넘치는 청년 장교였던 처칠은 당장이라도 전쟁터로 달려가고 싶었어요. 그러나 그때는 평화로운 시절이었기 때문에, 군인들도 훈련만 받고 실제 전투는 거의 하지 않았어요.

모험을 좋아하는 처칠은 세계 지도를 펼쳐 놓고 전쟁을 하는 나라가 어디인가 찾기 시작했어요. 그러다 발견한 곳이 카리브 해에 있는 섬나라 쿠바였어요.

에스파냐의 식민지였던 쿠바는 에스파냐의 지배에 반대하는 토착민＊들이 반란군이 되어서 게릴라 전＊을 벌이고 있는 중이었어요.

쿠바의 반란은 영국과는 아무런 관계가 없는 전쟁이었지만, 처칠은 쿠바로 가서 에스파냐 군대를 지원하기로 마음먹었어요. 마침 아버지의 친구가 에스파냐 대사였기 때문에, 그 분을 통해 에스파냐 군에 종군＊ 허가를 얻을 수 있었어요. 처칠은 친구인 번스와 함께 서둘러 쿠바의 수도인 아바나로 떠났어요.

아바나에 도착하자 에스파냐 군대가 친절하게 맞아 주었어요.

"전투를 보고 싶으면 기동대＊에 들어가야 합니다."

기동대에 속한 처칠과 번스는 신출귀몰하는 유격대＊를 찾아 행군을 계속했어요.

병사들은 뱀처럼 줄을 지어 숲 속을 걸어갔어요. 쿠바 유격대는 수풀 속에 숨어 수없이 공격을 해 왔어요. 갑작스런 공격에 처칠과 함께 식사를 하던 병사가 총에 맞아 죽기도 했어요. 처칠은 쿠바에서 참가한 여러 전투를 통해 전쟁이 얼마나 잔인한 것이며 생명이 얼마나 소중한 것인가를 깨닫게 되었어요.

영국으로 돌아오고 나서 얼마 후인 1896년 가을, 처칠 소위가 있는 제4 경기병 연대는 영국의 식민지인 인도를 지키라는 명령을 받았습니다. 이때 처칠이 가게 된 곳은 방갈로르라는 곳이었는데, 2,000~3,000명의 영국 수비대와 인도 병사가 머물고 있었어요.

인도에서의 생활은 무척 편했어요. 처칠은 부족한 지식을 쌓기에 매우 좋은 기회라고 생각하고, 런던에 계신 어머니에게 편지를 써 책을 보내 달라고 부탁했어요.

처칠은 매일 네댓 시간씩 책을 읽었어요. 훗날 정치가로서의 올바른 판단력과 문학자로서의 교양은 모두 이 시절에 읽은 수많은 책들 덕분이랍니다.

1897년 여름, 3개월의 특별 휴가를 얻어 런던으로 돌아와 있던 처칠은 신문을 보다가 이런 기사를 보았어요.

인도 국경 지역에서 파탄 족* 반란! 영국군 3개 사단 파병*, 사령

*파탄 족
자부심이 강하고 용맹한 민족으로, 대부분이 이슬람 수니파에 속하지요. 인도를 지배한 영국은 인도인들간의 분열을 초래하기 위해 힌두 교도와 이슬람 교도를 차별적으로 대우했어요. 이에 분개한 이슬람을 믿는 파탄 족들이 자치적 국가를 만들고자 반란을 일으켰지요.

*파병
군대를 보냄.

관은 빈든 브래드 장군.

두 번째 모험의 기회가 찾아온 것이었어요. 처칠은 곧장 브래드
장군에게 전보를 보내 자신도 전투에 참가시켜 달라고 했어요. 며
칠이 지나 받은 답장에는 이렇게 적혀 있었어요.

장교 자리는 없다. 종군 기자*로 오라.

처칠은 인도의 〈파이어니어〉 신문과 종군 기자 계약을 맺었어요.
기자가 된 처칠은 급히 인도로 건너갔어요.
파탄 족은 험악한 산악 지방에 살고 있었어요. 그들에게는 문명
을 전하러 오는 사람은 모두 적이었어요.
새벽에 토벌대는 전투할 채비를 갖추고 깊은 골짜기로 향했어요.
쌍안경으로 살펴보니 멀리 솟아 있는 산 위에 파탄 족이 떼 지어 있

는 모습이 보였어요.

먼저 기병대가 앞으로 나가서 사격을 했어요. 치열한 전투가 벌어졌어요. 말에서 내린 처칠은 찌는 듯한 더위를 참으며 보병과 함께 산을 넘어 앞으로 돌격했어요.

총알이 핑핑 귓전을 스치기도 하고 바위에 맞아 불꽃이 일기도 했어요. 인도인 병사들이 비명을 지르며 잇달아 쓰러졌어요.

그때 파탄 족들이 짐승 같은 함성을 지르며 달려와 칼을 휘둘렀어요. 한 파탄 족이 인도인 부관*에게 덤벼들어 칼로 마구 찔러댔어요. 처칠은 권총을 뽑았어요.

탕! 탕!

파탄 족은 두 발의 총탄에 비틀거리다가 쓰러졌어요.

문득 정신을 차려 보니 처칠은 혼자였어요. 재빨리 바위 뒤쪽에 몸을 숨기고, 인도 병사가 손을 흔들어 신호하는 쪽으로 달려갔어요. 이 싸움은 밤낮 없이 계속되어 2주일 뒤에야 끝이 났어요.

처칠은 그제야 전투는 결코 모험심만으로 할 수 있는 것이 아니

*부관
지휘관의 명령을 받아 일을 맡아보는 장교.

▲늠름한 청년 장교 처칠.

라는 것을 깨달았어요.

처칠은 이때의 체험을 '한 청년 장교'라는 제목으로 영국 신문인 〈데일리 텔레그래프〉 신문에 발표했고, 나중에 책으로도 나오게 되었어요.

처칠이 다시 인도의 방갈로르에서 근무하게 되었을 때 세 번째 모험의 기회가 찾아왔어요. 당시 아프리카에 있는 수단이라는 나라는 이집트와 영국이 함께 통치하고 있었어요. 그런데 이곳에 식민 통치에 반대하는 이슬람 교도들이 쳐들어와서 이집트 군을 몰아낸 것이에요. 영국은 즉시 이집트를 도와 수단에 군대를 파견하기로 했어요.

이 원정군에 처칠도 참가 신청을 했어요. 하지만 총사령관인 키치너* 장군은 처칠을 못마땅하게 생각했어요.

"처칠이라고? 〈말라칸드의 야전군 이야기〉를 쓴 그 친구 말인가? 자랑스러운 영국의 육군을 비판한 사람이 무슨 자격으로 전투에 참가하겠다는 거지?"

그러나 그 정도로 단념할 처칠이 아니었어요. 온갖 방법을 다 써서 결국 키치너 장군에게서 종군 허락을 받아 냈어요.

처칠은 〈모닝 포스트〉 신문과 종군 기자로 계약을 맺고 즉시 아프리카로 출발했어요.

처칠은 제21 연대에 소속되어 진군을 계속했어요. 그러던 중 적군의 상황을 살펴서 총사령관에게 보고하라는 연대장의 명령을 받고 말을 달려 총사령부로 급히 갔어요.

키치너 장군이 참모 장교들과 함께 말을 타고 기다리고 있었어요. 처칠은 자신감 넘치는 모습으로 적의 상황을 보고했어요.

'음, 생각보다 괜찮은 친구로군.'

키치너 장군은 처음 만난 처칠이 믿음직스러워졌어요.

다음 날 이슬람 교도의 군대가 두 갈래로 나뉘어 영국과 이집트 연합군의 지역으로 들이닥쳤어요.

전투는 치열했어요. 처칠은 오른쪽 어깨뼈가 빠져 무척 고통스러웠음에도 불구하고 선두에 서서 병사들을 지휘하며 적진 한가운데로 돌격했어요.

이때 사막에서 한 명의 이슬람 교도가 창을 들고 돌격해 왔어요. 처칠의 마지막 한 발 남은 총이 불을 뿜자 그 병사는 모래 위에 푹 쓰러졌어요. 이 전투는 다섯 시간이나 계속되었어요.

처칠이 신문사로 보낸 기사는 이번에도 좋은 평을 받았어요. 1899년 처칠은 많은 추억을 남긴 방갈로르에서의 생활을 마치고 군에서 제대해 런던으로 돌아왔어요. 그리고 수단 전쟁 때 겪은 일을 바탕으로 〈강의 전쟁〉이라는 책을 펴냈어요.

▲ 선두에 서서 적진 한가운데로 돌격하는 처칠의 모습.

그 해 여름, 영국 맨체스터 주에 있는 올덤 지구의 보수당 의원이었던 사람이 갑자기 사망하는 바람에 새로 의원을 뽑는 선거가 있었어요. 처칠은 이 선거에 출마*했어요.

* 출마
선거에 후보자로 나섬.

정치를 할 수 있는 기회가 찾아온 것이었지요. 그러나 처칠은 처음 출마한 선거에서 떨어지고 말았어요. 실망한 처칠은 쓸쓸히 런던으로 돌아갔어요.

그 해 10월, 남아프리카에서 큰 전쟁이 일어났어요. 바로 보어 인과 영국인 간의 전쟁이었어요.

남아프리카에는 17세기부터 네덜란드 인들이 건너가 개척을 시작했어요. 이때 건너와 살게 된 네덜란드 사람들을 '보어 인'이라 불렀지요. 그런데 18세기 말부터는 영국인들도 건너와 점점 세력을 키웠어요. 영국인이 많아지자 보어 인들은 남아프리카의 외진 곳으로 옮겨 가 그들의 나라를 세웠어요. 그 나라가 트란스발 공화국과 오렌지 자유국이에요.

보어 인들은 자기들이 세운 나라에 영국인이 들어오는 것을 반가워하지 않았어요. 하지만 그 나라들에 많은 보물이 묻혀 있는 것을 알게 된 영국인은 기를 쓰고 들어가려 했고, 결국 전쟁이 일어난 것이지요.

처칠은 〈모닝 포스트〉 신문으로부터 다시 한 번 종군 기자로 남아프리카에 가 달라는 부탁을 받았어요. 처칠은 레드버스 불러 장군이 이끄는 원정군과 한 배를 타고 남아프리카로 출발했어요.

도중에 남아프리카에서 오는 한 척의 화물선을 만났어요. 배가 지나칠 때 현지의 정보를 알려 달라고 신호를 보내자, 화물선 선원이 커다란 칠판에 다음과 같은 글을 써서 보였어요.

보어 군과 세 번 격전이 벌어졌음. 벤 시몬드 장군도 전사.

화물선 선원이 알려 준 내용은 사실이었어요. 보어 군은 이미 레이디스미스라는 곳에서 영국군을 완전히 포위하고 있었어요.

처칠은 취재*를 위해 기차와 배를 번갈아 옮겨 타면서 남아프리카 나탈의 더반 항에 도착해 군대에 합류했어요.

어느 날 정찰대* 지휘관인 홀덴 대위가 처칠에게 제안을 했어요.

"처칠 군, 오늘 장갑 열차*로 적지를 정찰하러 가는데, 따라오겠나?"

처칠은 몹시 기뻤어요. 직접 전선에 가서 취재를 하고 싶은 것은 종군 기자로서는 당연한 욕심이니까요.

이른 아침, 장갑 열차 여섯 량이 나탈의 벌판을 달리고 있었어요. 열차에는 많은 군인들이 올라탔어요.

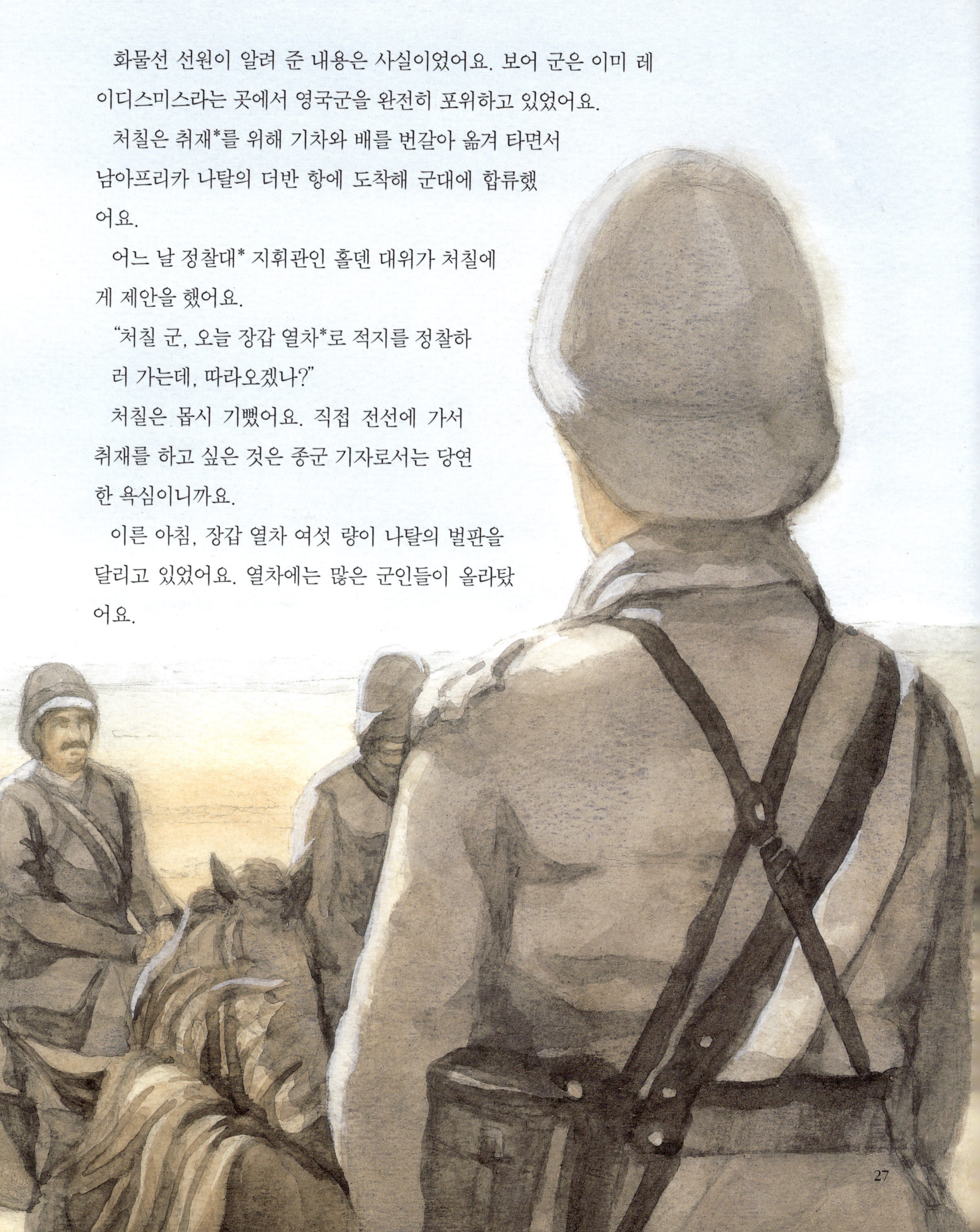

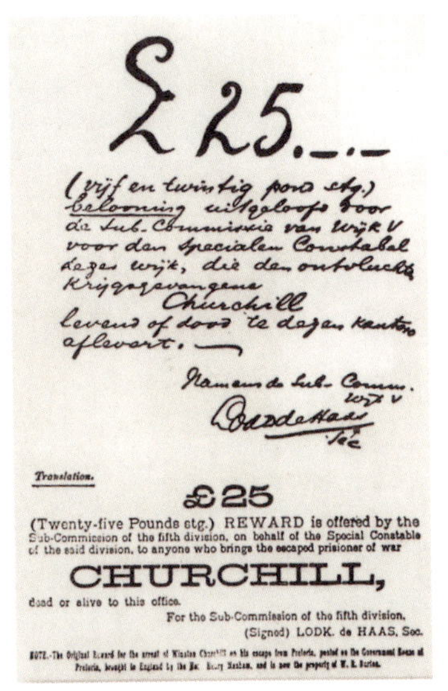

▲ 처칠이 쓴 '살 것인가, 죽을 것인가'
라는 기사.

* 화차
화물을 싣는 열차.

* 탄차
석탄 등을 실어 나르는 차.

▲ 보어 군과의 전투.

열차가 20킬로미터쯤 전진했을 때, 방금 지나친 언덕 위에 수많은 사람들의 그림자가 움직이는 것이 보였어요.

"보어 군이다! 전속력으로 후퇴!"

열차는 후퇴하기 시작했어요.

적군의 공격이 시작되었어요. 총탄은 소리를 내며 날아와 장갑 열차의 철판에 불꽃을 일으켰고, 포탄이 터져 돌과 흙먼지가 수없이 튀어 올랐어요.

갑자기 열차의 일부가 선로를 벗어나 이제는 움직일 수도 없게 되었어요. 언덕 위의 보어 군은 끊임없이 총을 쏘아댔어요.

처칠과 홀덴 대위는 빗발치는 총탄 속에서 선로를 벗어난 화차*를 떼어 내는 작업을 계속했어요. 병사들의 시체와 다친 사람들은 기관차와 탄차*에 옮겼어요.

"됐다, 천천히 기관차를 움직여 돌파하라! 병사들은 장갑 열차 뒤에 숨어서 뛰어라!"

열차가 천천히 달리기 시작했어요. 보병들은 열차에 바싹 붙어 따라왔어요. 그런데 기관차의 속도가 차츰 빨라져 보병들은 뒤에 처지고 말았어요. 처칠은 기관사에게 철교 건너편에서 기다리도록 명령하고 선로를 따라 되돌아갔어요. 200미터 정도 되돌아왔지만 선로 부근에는 한 사람도 없었어요.

그 순간, 보어 인 두 명이 나타나 처칠에게 총구를 겨누었어요. 처칠은 왔던 쪽으로 되돌아 뛰기 시작했어요. 그때 눈앞에 한 사나이가 말을 타고 나타났어요. 그 역시 총을 겨누고 있었어요.

"얌전히 굴어라. 그러는 쪽이 널 위해 좋을 것이다."

처칠은 결국 포로가 되고 말았어요.

처칠은 트란스발 공화국의 수도 프리토리아에 있는 수용소에 갇히는 신세가 되었어요.

"나는 군인이 아니고 종군 기자요. 그러니 빨리 풀어 주시오."

처칠은 수용소 책임자에게 항의했어요. 그러나 수용소 책임자는 비웃었어요.

"흥! 기자면 기사나 쓸 것이지, 총을 들고 싸우고선 풀어 달라고? 어림없는 소리!"

처칠은 홀덴 대위와 또 한 사람의 장교, 이렇게 셋이서 도망칠 계획을 짜기 시작했어요.

처칠은 화장실에 숨어 있다가 담을 넘어 풀숲 속에 몸을 숨겼어요. 그리고는 한 시간 정도 두 사람을 기다렸어요. 얼마 후 두 장교가 담장 안쪽에서 처칠에게 들릴 듯 말 듯한 목소리로 말했어요.

"보초병 때문에 안 되겠어. 자네의 성공을 비네."

하는 수 없이 처칠은 혼자 수용소를 탈출했어요. 처칠은 마음이 아팠어요.

잠시 후, 저쪽 선로에 화물 열차가 달려오는 것이 보였어요. 처칠은 재빨리 화물 열차에 뛰어올랐어요. 몹시 지친 처칠은 석탄 자루 위에 누워 깊은 잠에 빠져들었어요.

새벽녘, 처칠은 잠에서 깼어요. 기차가 속도를 늦추자, 처칠은 기차에서 뛰어내렸어요. 보초를 서고 있는 보어 인의 눈을 피해 겨우 화물 열차가 멈추어 있는 역에 다다랐어요. 기차가 출발하면 또 몰래 올라탈 생각이었지요.

그때 처칠의 눈에 불빛이 보였어요. 외딴 곳에 떨어져 있는 집이 있었어요. 처칠은 등불을 향해 달리기 시작했어요. 그 집에 도착한 처칠은 가쁜 숨을 몰아쉬며 문을 쾅! 쾅! 두드렸어요.

잠깐 알아들을 수 없는 말이 들리고 문이 열리더니 검은 수염을 기른, 몸집이 큰 사나이가 나왔어요. 처칠은 당황했지만 모두 사실대로 털어놓기로 했어요.

"나는 〈모닝 포스트〉 신문의 특파원입니다. 어제 저녁 프리토리아의 포로수용소에서 탈출했습니다. 도와주십시오. 꼭 보답하겠습니다."

이 말을 들은 사나이는 처칠을 더 안쪽 방으로 데리고 갔어요.

"당신은 정말 운이 좋은 사람이오. 이 부근에서 당신을 군에 넘기지 않을 사람은 이 집뿐일 거요."

그 사나이는 트란스발 탄광의 존 하워드 지배인으로, 수년 전에 트란스발에 귀화*한 영국인이었어요.

다음 날 아침, 한 사람이 시내에서 처칠의 얼굴이 그려진 포스터를 갖고 왔어요.

영국인, 25세, 키 172센티미터. 어깨를 약간 앞으로 구부리며 걷고 코맹맹이 소리를 낸다. 이 사나이를 숨겨 준 자는 반역죄로 총살형에 처한다.

하워드 씨는 그날 밤 처칠을 지하 석탄을 파낸 구덩이에 숨겨 주었어요.

엿새째 되는 날, 드디어 이곳을 벗어날 수 있는 방법이 생겼어요. 3일 후에 가까운 곳에 살고 있는 네덜란드 인이 해안까지 커다란 화물 열차로 양털을 운반한다는 것이었어요.

처칠은 하워드의 안내로 화물 열차에 커다란 양털 포대와 함께 몰래 실렸어요.

사흘간 불안한 기차 여행이 계속되었어요. 처칠은 두려워 잠을 잘 수도 없었어요. 열차가 역에 닿을 때마다 네덜란드 말이 들리고 사람들이 지나는 발소리가 들렸어요.

깜박 잠에서 깨었을 때, 기차는 이미 멈추어 있었어요. 양털 포대 틈으로 살그머니 밖을 내다보니, 영국의 동맹군인 포르투갈 군이 보였어요. 마침내 국경을 통과한 것이었어요.

처칠은 화차에서 빠져나와 시내로 들어가 영국 국기가 펄럭이는 영국 영사관*으로 뛰어들었어요.

"나는 윈스턴 처칠이라고 합니다. 〈모닝 포스트〉 신문의 종군 기자입니다."

영사관 직원은 깜짝 놀랐어요. 용감한 종군 기자가 공을 세우고 보어 인들에게 체포되었다가 탈출했다는 소문은 이미 널리 퍼져 있었기 때문이지요.

그날 밤, 처칠은 사람들의 호위를 받으며 더반으로 향했어요. 더반에 닿은 처칠은 마치 개선장군* 같은 환영을 받았어요. 세계 여러 곳에서 처칠 앞으로 축하의 전보를 보내왔어요.

보어 전쟁은 더욱 혼란스러운 상태에 빠져들었어요.

　어느 날, 불러 장군은 처칠에게 트란스발의 상황을 자세히 물었어요. 그는 처칠의 용기와 조사의 정확함에 감탄하며 칭찬을 아끼지 않았어요.

　"이번 활약은 정말 훌륭했네. 바라는 것은 없나?"

　"저를 의용군*의 장교로 써 주십시오. 군인으로서 조국을 위해 일하고 싶습니다."

　"그러면 〈모닝 포스트〉의 특파원 일은 어떻게 할 셈인가?"

　"군인과 신문 기자, 두 가지 일을 다 하고 싶습니다."

　불러 장군은 고민에 빠졌어요. 처칠은 예전에도 두 가지 일을 함께 하다가 비난을 받은 적이 있었거든요.

　그러나 지금, 영국은 처칠과 같은 용감한 군인이 필요했어요.

　처칠은 남아프리카 젠크 대령이 거느리는 경기병 연대의 중위로

* 의용군
전쟁 때 국민이 스스로 참여해 조직한 군대.

임명되었어요. 대령의 보조 부관으로 활동하면서, 전투를 하지 않을 때에는 신문 기자를 해도 좋다는 인정을 받은 것이지요. 게다가 동생 잭도 같은 부대에 있게 되었어요.

처칠은 연대에서 가장 많은 전쟁 경험을 했고, 죽음을 두려워하지 않을 만큼 모험을 좋아했어요. 그래서 연대장의 믿음도 두터웠고, 매일 척후병*으로 출동했어요. 〈모닝 포스트〉 신문에도 열심히 기사를 써 보냈어요. 그의 기사는 굉장한 인기를 얻었어요.

어느 날 불러 장군이 새로 점령한 땅을 살펴보러 왔어요. 그런데 갑자기 보어 군이 공격해 왔어요.

그때 처칠은 동생 잭 소위와 같이 있었어요. 잭이 갑자기 비명을 지르며 쓰러졌어요. 다리에 총을 맞은 것이었어요. 처칠은 잭의 다리에 흐르는 피를 막으며 잭을 병원으로 옮겼어요.

마침 어머니 제니가 영국에서 어느 부자에게 큰 배를 한 척 얻어 병원선으로 고쳐 간호사들과 함께 더반 항에 와 있었어요. 부상당한 병사들을 기다리던 어머니는 첫 부상병의 얼굴을 보고 몹시 놀랐어요.

"잭!"

"어, 어머니! 한 방 맞았어요."

휴가를 얻은 처칠이 싱글벙글 웃으며 곁에 서 있었어요. 기쁜 가족의 만남이었어요. 짧은 휴가를 마친 처칠은 부대로 돌아왔어요.

영국군의 다음 목표는 트란스발의 수도 프리토리아로 진격*하는 일이었어요. 영국군이 점점 전쟁에서 기세를 잡았고, 보어 군은 후퇴하기 시작했어요. 결국 영국은 프리토리아를 손에 넣었고, 전쟁에서 승리했어요.

그리고 처칠은 전쟁에서 보여준 용감한 행동과 멋진 기사로 인해 많은 영국인들에게 깊은 인상을 심어 주었어요. 이때의 경험들은 훗날 처칠이 정치가로 활약하는 데 많은 도움이 되었답니다.

제1차 세계대전이 터지다

1900년 여름, 처칠은 다시 평범한 시민이 되어 영국으로 돌아왔어요.

많은 사람들이 처칠의 이야기를 듣기 위해 기다리고 있었어요.

처칠은 전쟁 보고회에서 강연을 했어요. 강연 도중 그는 위험을 무릅쓰고 자기를 구해 준 하워드 씨와 그의 동료들의 용기에 찬사를 보내고 진심으로 감사한다고 이야기했어요.

그때 흥분한 청중 속에서 큰 말소리가 들렸어요.

"어이, 그 사람의 부인이 지금 여기에 와 있네!"

처칠은 깜짝 놀랐어요. 그리고 죽을 뻔했던 자기를 구해 준 고마움을 다시 생각하며 하워드 부인의 손을 꼭 잡았어요.

영국에서는 총선거가 시작되고 있었어요. 처칠은 1년 전 선거에 출마했다 떨어진 올덤에서 다시 한 번 출마하기로 결심했어요. 올덤 선거구에서는 모두가 이 영웅에게 열렬한 지지를 보냈어요.

이 선거에서 처칠이 속해 있는 보수당이 많은 의석*을 차지하는 큰 승리를 거두었어요. 스물여섯 살의 처칠도 멋지게 당선하며 드디어 의사당*에 발을 들여놓았어요. 길고 긴 정치 인생의 시작이었어요.

처칠은 의사당에서 첫 연설을 하게 되었어요. 연설의 주제는 보어 전쟁에 대한 것이라 처칠은 자신 있었어요. 그런데 워낙 자기 생각이 뚜렷한 처칠은 그만 자신이 속해 있는 보수당의 정책을 비판하고 말았어요. 보수당의 나이 든 의원들이 불쾌해했던 것은 당연

* 의석
회의장에서 의원이 앉는 자리.

* 의사당
의원들이 모여 회의하는 건물.

한 일이었지요. 하지만 당의 이익보다는 올바른 정책을 우선했던 처칠은 몇 년 후 결국 자유당으로 당을 옮기게 되었어요.

처칠이 들어간 자유당은 1905년에 열린 총선거에서 압도적인 승리를 거두었어요. 처칠은 맨체스터 지구에서 입후보해 당선되었고, 식민 차관*으로 임명되었어요.

1908년 새로 수상이 된 자유당의 애스퀴스 수상은 처칠을 상공 장관에 임명했어요. 겨우 서른네 살의 젊은 나이에 장관이라는 중요한 자리에 오른 것이었지요.

그 무렵 처칠은 클레멘타인 도지에*라는 스물세 살의 아가씨를 만났어요. 아름다운 외모에 지성도 풍부한 아가씨였어요.

'이 사람과 결혼하겠어.'

처칠은 첫눈에 반한 클레멘타인에게 끊임없이 편지를 보내며 클레멘타인의 마음을 얻기 위해 노력했어요. 마침내 그 해 가을 두 사람은 결혼식을 올렸고, 두 사람의 행복은 평생 이어졌어요.

1911년, 프랑스의 식민지인 모로코 아가디르 항구에 독일 군함이 나타났어요. 프랑스 군은 독일 군함에게 즉시 떠날 것을 명령했지만, 독일 군함은 이런저런 핑계를 대며 버텼어요. 그러자 상황은 금방이라도 싸움이 날 것 같았어요.

이전부터 프랑스와 가깝게 지내던 영국이 프랑스를 도와주려 하자, 독일은 프랑스의 다른 식민지인 콩고를 받는 조건으로 모로코에서 물러갔어요.

처칠은 독일의 음흉하고 나쁜 마음을 정확하게 꿰뚫어보고 다른 의원들에게 호소했어요.

"독일은 야심을 품고 있습니다. 독일의 야심이 다른 나라와 충돌 해서 언제 전쟁이 터질지 모르니, 영국도 해군을 키워야 합니다."

그러나 많은 장군들은 처칠이 쓸데없는 걱정을 한다며 무시했어 요. 하지만 애스퀴스 수상은 처칠의 생각이 옳다고 생각했어요.

"처칠 군, 자네가 해군 장관 자리를 맡아 주게."

해군 장관이 된 처칠은 철저한 계획을 세워 해군의 힘을 키우고 무기와 전함도 더욱 많이 준비해 두었어요.

1914년 6월 28일 일요일, 보스니아를 방문한 오스트리아 페르디 난트 황태자 부부는 육군 훈련 광경을 관람한 후 보스니아의 수도 사라예보에 도착했어요.

황태자 부부를 태운 자동차가 시청으로 향하는 도중, 한 청년이 자동차를 향해 총을 겨누었어요.

탕! 탕! 탕!

▲제1차 세계대전의 불씨가 되었던 오스트리아 황태자 부부.

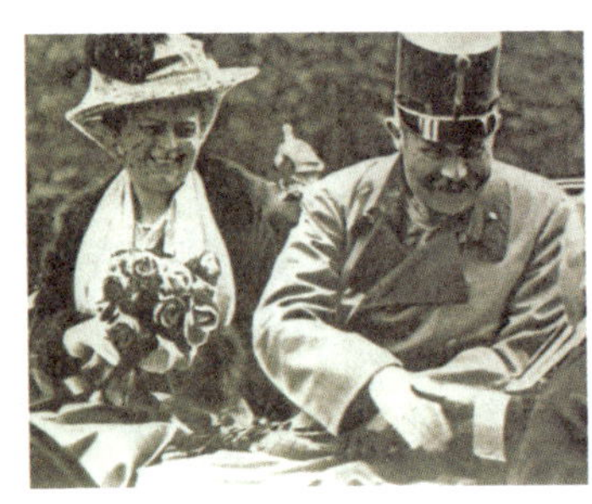

"황태자께서 쓰러지셨다!"

"저놈이다, 저놈을 잡아!"

황태자 부부는 그 자리에서 숨을 거두고 말았어요. 범인은 열아홉 살의 세르비아 청년이었어요.

오스트리아는 세르비아 인들이 많이 살고 있던 보스니아를 자기 영토로 삼았어요.

보스니아도 세르비아와 같은 슬라브 민족이 많이 살고 있어서 세

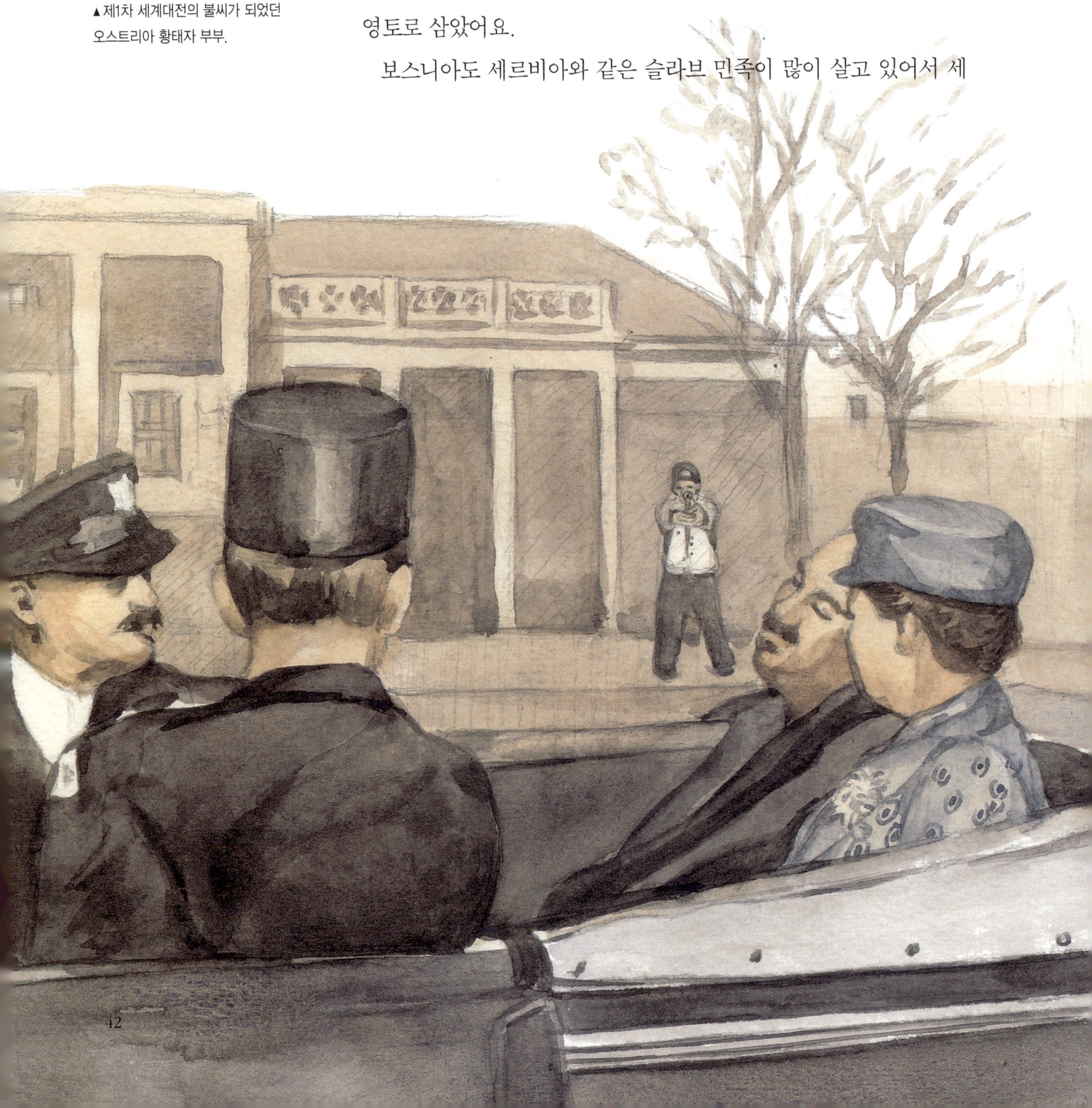

르비아는 보스니아를 당연히 자기 땅이라고 여기고 있었는데, 이곳을 오스트리아에 빼앗기고 만 것이지요.

세르비아 인들은 매우 화가 났어요. 여기저기서 오스트리아를 반대하는 목소리가 커졌고, 결국엔 그들의 지나친 애국심이 이렇듯 커다란 비극을 낳은 것이었어요.

당시 오스트리아는 독일과 동맹*을 맺고 있었고, 세르비아는 러시아와 친하게 지내고 있었지요. 그리고 프랑스는 전쟁이 나면 러시아를 돕기로 약속을 했었고, 영국도 프랑스를 지원하기로 합의한 상태였어요.

게다가 영국은 오래 전에 벨기에가 중립*을 지킬 수 있도록 도와주기로 했었지요. 당연히 어느 한곳에서 전쟁이 일어난다면 순식간에 전 유럽으로 번지게 되는 상황이었어요.

그러나 몹시 화가 난 오스트리아는 이러한 비극을 생각하지 못하고, 마침내 세르비아에 선전 포고*를 했어요.

독일군은 벨기에를 침공하여 수도 브뤼셀을 점령하고, 프랑스로 향했어요.

영국군도 재빨리 벨기에로 건너가 프랑스 군과 함께 독일군을 막았으나 당할 수가 없었어요. 독일은 곳곳에서 승승장구*했어요.

한편 해군성에 묵고 있던 해군 장관 처칠은 한밤중에 곰곰이 생각에 잠겨 있었어요.

처칠은 참호*를 쉽게 타고 넘어 적이 있는 곳으로 들어갈 수 있는 기계를 발명했어요. 이것이 바로 탱크였어요.

처칠은 해군의 예산으로 자신이 생각한 기계를 한 대 만들어 '육상함' 이라는 이름을 붙였어요.

"잘 만들어진 장난감이군."

키치너 육군 장관은 완성된 탱크를 보고 비웃었어요.

얼마 후, 터키가 독일 편이 되어 러시아에게 선전 포고를 했어요.
어려움을 겪던 러시아는 영국이 터키를 공격해 주기를 바랐어요.
영국 내각*은 즉시 회의를 열고 이것을 검토했어요.

　처칠은 지중해와 흑해를 잇는 다르다넬스 해협을 공격하고, 이어
서 터키의 수도인 이스탄불을 공격하자고 주장했어요. 터키를 만만
하게 보았던 거지요.

　그의 말에 키치너 육군 장관이 반대했어요. 하지만 처칠의 생각
은 바뀌지 않았어요.
　"육군이 안 된다고 한다면 해군만으로 해 보겠습니다."
　결국 처칠은 해군만으로 다르다넬스 공격을 결정했어요. 그러나
이 작전은 대실패였고, 영국에 엄청난 피해를 안겨 주었어요. 처칠
은 이 작전의 실패를 책임지고 해군 장관을 그만두어야 했어요.

▲ 해군 장관 시절의 처칠.
다르다넬스 공격이 실패해 처칠은 해군
장관을 그만두어야 했어요.

다르다넬스 작전 실패로 해군 장관을 사임하고 한가한 직책을 맡게 되자 처칠은 시골에 틀어박혀 날마다 그림만 그렸어요. 오랜 생각 끝에 처칠은 직접 전쟁터로 가기로 결심했어요. 처칠은 곧바로 벨기에로 가 군대에 들어갔어요. 장관에 비하면 터무니없이 낮은 직책인 중령에 불과했지만, 처칠은 불평하지 않고 최선을 다해 싸웠어요.

이듬해 7월에 처칠은 런던으로 돌아왔어요.

그 무렵, 솜 전투가 벌어졌어요. 전투는 5개월 동안 계속되었고, 많은 군인들이 목숨을 잃었어요. 이 전투에서 처칠이 해군 장관 시절 만든 탱크가 큰 활약을 했어요. 키치너 육군 장관이 장난감이라고 비웃던 탱크를 영국은 몰래 50대를 만들어 놓았답니다.

탱크는 거뜬히 참호를 넘어 기관포를 쏘아댔고, 독일군은 도망치기 바빴어요. 그러나 50대의 탱크만으로는 승리할 수 없었지요.

"만일 탱크 200대가 있다면 영국은 대승리를 거둘 수 있을 텐데……."

처칠은 이렇게 말하며 아쉬워했어요.

얼마 후, 독일은 연합국의 항구에 출입하는 모든 배를 무조건 공

격한다고 선언했어요. 이 말을 듣고 그동안 중립을 지키던 미국도 독일에게 선전 포고를 했어요. 그러자 전쟁은 점점 독일에게 불리하게 되었어요.

영국에서는 애스퀴스 수상이 물러나고 로이드 조지 수상이 새 내각을 만들었어요. 로이드 조지 수상은 보수당의 반대를 무릅쓰고 처칠을 군수 장관에 임명했어요. 전쟁에 필요한 무기와 여러 장비를 생산하고 감독하는 중요한 일을 맡긴 것이지요.

처칠은 매우 열심히 일했어요. 대포, 탄환, 탱크, 비행기 등을 만들어 냈고, 특히 탱크 만드는 일을 중요하게 생각했어요. 탱크야말로 전쟁을 승리로 이끄는 결정적인 무기라고 생각했기 때문이지요.

1917년, 프랑스에서 벌어진 캉브레 전투에서 또 한 번 탱크의 활약이 시작되었어요. 수백 대의 탱크가 독일군을 기습했어요. 탱크는 쩔쩔매는 독일군을 차례차례 쓰러뜨리며 공을 세웠어요. 처칠의 신념*이 드디어 결실을 맺은 것이었어요.

이미 거의 무너진 독일은 더 이상 버틸 힘이 없었어요. 1918년 11월 11일 오전 5시에 휴전 조약*이 맺어지고, 모든 전선*에서 총소리가 멎었어요. 드디어 4년 3개월 동안 계속된 제1차 세계대전이

▲ 로이드 조지(1863~1945)
로이드 조지 수상은 제1차 세계대전 후반기에 영국의 정치를 지배했어요.

* 신념
굳게 믿어 의심하지 않는 마음.

* 조약
문서로 만든 나라 간의 약속.

* 전선
육지에서 전투를 할 때 양쪽 군사들이 대치하며 만들어지는 선

막을 내렸어요.

처칠은 자기 방의 창가에 서서 전쟁의 끝을 알리는 빅벤*이 울리는 것을 들었어요.

해군 외에는 별다른 전쟁 능력이 없는 영국이 세계 제일의 육군을 가진 독일과 싸워 이긴 것이었어요. 그의 가슴은 뿌듯했어요.

영국에서는 전쟁이 끝나자 바로 총선거가 시작되었어요. 전쟁 때문에 벌써 8년 동안이나 총선거를 하지 못했거든요. 총선거 결과 로이드 조지가 다시 수상이 되었고, 처칠은 육군 장관 겸 항공 장관을 맡게 되었어요.

1919년 6월에 프랑스 파리에는 독일과 평화 조약을 맺기 위해 연합국 31개 나라 대표가 모였어요. 평화 회의는 영국의 로이드 조지 수상과 프랑스의 클레망소 수상, 미국의 윌슨 대통령이 중심이 되어 열렸어요. 여기서 다시 1차 세계대전 같은 커다란 전쟁이 일어나는 것을 막기 위해 국제 연맹*이 태어났어요. 이때 독일과 연합군이 맺은 조약을 베르사유 조약이라고 해요.

그리고 독일에게는 심한 벌이 주어졌어요. 우선 프랑스와 영국에게 어마어마한 배상금*을 주어야 했고, 이선에 가지고 있던 식민지도 모두 내놓아야 했어요.

또 다시는 전쟁을 일으키지 못하도록 군대도 늘리지 못하고, 비행기나 탱크도 더 갖지 못하게 했어요.

1922년 처칠은 육군 장관 겸 항공 장관에서 식민 장관으로 자리를 옮겼어요. 이후에 처칠은 영국의 일부였다가 자치 국가로 새롭게 태어난 아일랜드의 헌법을 만드는 일을 도왔어요.

그 해 10월의 일이었어요. 처칠이 맹장 수술을 위해 잠시 입원해 있는 사이에 내각이 모두 물러나고 의회도 해산*하게 되었어요. 병원 침대에서 하루를 지내고 나니 이미 장관도, 의원도 아닌 사람이 되어 버린 것이었지요.

"허허, 눈 한 번 깜빡 하고 났더니 일자리도, 당도, 맹장도 모두 없어졌군."

　처칠은 즉시 병실을 선거 사무실로 만들어 총선거에 입후보했지만, 안타깝게도 떨어지고 말았어요.

　그 뒤 몇 번의 선거에 도전했지만 처칠은 연이어 패배를 맛보아야 했어요. 그동안 처칠은 예전에 자신이 속했던 보수당 의원들의 도움을 많이 받았어요. 처칠의 생각이 자유당과 멀어지고 보수당과 점점 가까워지게 되었거든요.

　처칠은 1924년에 열린 총선거에서 당선하여 다시 의원이 되었어요. 의원이 된 지 며칠 후, 새로 수상이 된 보수당의 볼드윈이 처칠을 불렀어요.

　"처칠 의원, 우리를 도와주시오. 재무 장관을 맡아 주겠소?"

　"오, 제가 바라던 자리입니다."

　이렇게 처칠은 재무 장관이 되었고, 다시 보수당으로 옮겨 5년 동안 나라의 살림을 위해 많은 일을 했어요.

세계 평화를 위하여

제1차 세계대전에서 패한 독일 국민들은 혼란과 절망에 빠져 있었어요. 원래 독일은 황제가 있는 나라였으나, 국민들이 황제를 지지하지 않았기 때문에 공화국*으로 바뀌었어요.

1933년, 아돌프 히틀러가 독일 수상이 되었어요. 독일은 베르사유 조약으로 군사력을 늘릴 수 없었어요. 그러나 히틀러는 그 약속을 헌신짝처럼 버리고 군대의 힘을 매우 크게 키웠어요.

히틀러의 행동을 보자 이탈리아의 무솔리니 수상도 욕심을 품게 되었어요. 그는 검은 손을 아프리카로 뻗쳐 에티오피아를 점령해 버렸어요.

이처럼 독일이 착실히 전쟁 준비를 갖추고 있는데도 영국이나 프랑스는 전혀 눈치 채지 못했어요. 독일이 그렇게 빨리 다시 일어나리라고는 생각도 못했으니까요.

불길한 예감이 든 처칠은 사람들에게 호소했어요.

"독일과 프랑스 육군의 힘이 같아지는 것은 절대 안 될 일입니다. 그것을 옳다고 생각하는 사람들에게 나는 '여러분은 전쟁을 바라십니까?' 하고 따지고 싶습니다. 그것은 유럽을 다시 전쟁터로 만들 뿐입니다."

하지만 처칠의 얘기에 귀를 기울이는 사람은 없었어요.

얼마 후, 처칠의 걱정은 하나하나 서서히 현실로 나타나기 시작했어요. 독일은 영원히 비무장지대*로 남겨 두기로 했던 라인 강 왼쪽에

있는 라인란트 지역에 많은 군대를 보내 하루 만에 대부분을 점령
하고 말았어요.

깜짝 놀란 프랑스의 플랑당 수상은 즉시 런던으로 날아가 영국
정부와 의논했어요. 하지만 여전히 영국은 전쟁을 하고 싶지 않았
어요.

"영국 국민은 독일과 맞서 싸우는 것에 반대할 것입니다. 국민들
은 평화를 원하고 있습니다."

영국의 체임벌린 수상은 이렇게 대답했어요. 프랑스 역시 히틀러
와 싸울 마음이 없었어요. 처칠은 답답하기만 했어요.

그러는 사이 독일은 이탈리아와 동맹을 맺고, 이어 오스트리아를
합병*했어요.

히틀러의 다음 목표는 독일과 가까운 체코슬로바키아의 수데텐
지방이었어요. 체코슬로바키아는 자신들이 독일과 싸우면 프랑스
와 영국도 싸워 줄 것이라고 믿고 있었어요. 하지만 여전히 영국과
프랑스는 전쟁을 원하지 않았어요. 체임벌린 수상은 히틀러를 만나
전쟁을 그만두도록 설득했어요.

어떻게든 전쟁을 피하기 위해 독일 뮌헨에서 영국, 프랑스, 독일,
이탈리아 네 나라가 모여 회의를 열었어요.

히틀러는 수데텐 지방을 넘겨주면 전쟁을 그만두겠다고 말했어
요. 그 말을 믿은 체코슬로바키아는 수데텐 지방을 독일에게 넘겨
주었어요.

그러나 처칠만은 히틀러의 속내를 꿰뚫고 있었어요. 처칠은 또다
시 의회에서 간곡히 연설했어요.

"독재자 히틀러는 1파운드를 내놓으라고 권총을 들이댔습니다.
1파운드를 빼앗더니 이번에는 2파운드를 내놓으라고 합니다. 마
지막에는 1파운드 반도 좋다고 말하더니 나머지 반은 훗날 갚으
라고 합니다. 이것이 진실입니다. 영국은 독일의 진짜 모습을 알

▲ '영국 국민은 평화를 원하고 있습니다.'
라는 내용을 실은 신문 기사.

* 합병
군대 집단을 하나로 합침.

아야 합니다."

처칠의 생각이 옳았다는 것이 곧 히틀러의 행동으로 나타났어요.

"나는 항복이라는 말을 모른다. 독일의 강철 같은 의지가 최후의 승리를 가져오리라."

그제야 체임벌린 수상도, 영국 국민들도 히틀러가 어떤 사람인지 깨닫고 후회했지만 이미 늦은 일이었어요.

1939년 9월, 세력을 넓혀 가던 독일은 영국의 동맹국인 폴란드로 쳐들어갔어요. 제2차 세계대전이 벌어진 것이지요. 영국은 마침내 독일에 선전 포고를 했어요.

그날 저녁, 처칠은 체임벌린 수상의 연락을 받고 수상 관저*로 갔어요.

▲ 아돌프 히틀러(1889~1945)
독일의 정치가, 나치스의 지도자. 베르사유 조약을 깨고 수많은 유대 인을 학살했어요. 제2차 세계대전에서 패하자 자살했어요.

*관저
높은 사람이 살도록 나라에서 내주는 집.

"처칠 씨, 해군 장관을 맡아 주시오."

처칠은 수상의 부탁을 즉시 받아들였어요.

25년 만에 돌아온 해군 장관실은 그대로였어요. 처칠은 이번에도 해군성의 사무실에서 묵으며 쉬지 않고 일을 했어요.

갈수록 독일의 공격은 거세지기만 했어요. 하지만 아직까지도 독일군의 위력을 제대로 알아차리지 못한 영국과 프랑스의 정치인들은 발 빠르게 대처하지 못했고, 국민들의 비난은 높아만 갔어요.

어느 날 저녁, 처칠은 체임벌린 수상의 전화를 받고 서둘러 수상 관저로 달려갔어요. 체임벌린 수상은 지치고 힘든 듯 말했어요.

"처칠 장관, 나는 더 이상 수상을 계속할 힘이 없소. 나 대신 수상의 자리를 맡아 주겠소?"

처칠은 입을 다문 채 팔짱을 끼고 있다가 체임벌린의 제안을 받아들였어요. 체임벌린은 처칠의 손을 굳게 잡았어요.

영국은 물론이고 전세계의 자유와 평화를 위해 기념할 만한 역사적인 순간이 찾아왔어요.

국왕 조지 6세는 곧 처칠에게 내각을 꾸리라고 명령했어요. 처칠은 그날 각 장관을 결정하여 내각을 완성하고, 긴급 의회를 열어 나라가 처한 상황과 자신의 뜻을 힘주어 말했어요.

"내가 여러분에게 내놓을 수 있는 것은 단지 나의 피와 노력과 눈물과 땀뿐입니다. 그것은 바다와 육지와 하늘에서 온 힘을 기울여 적과 싸우는 일입니다. 또 영국의 마지막 목표는 단 한 가지, 승리뿐입니다. 아무리 힘들고 어려워도 승리해야 합니다. 승리 없이는 살아남을 수 없기 때문입니다."

사람들은 뜨거운 박수로 처칠의 연설을 지지했어요.

전쟁의 상황은 심상치 않았어요. 독일은 눈 깜짝할 사이에 네덜란드를 공격했어요. 네덜란드는 겨우 5일 만에 무너졌고, 독일군은 멈추지 않고 그대로 벨기에까지 쳐들어갔어요.

영국·프랑스 연합군은 독일군과 맞붙어 싸우기 위해 벨기에로 진격했어요. 그런데 북쪽에서 내려오고 있는 줄만 알았던 독일군이 약한 프랑스 국경 지역을 뚫고 들어와 어느새 아래쪽에서 올라오고

▶ 독일의 공격은 나날이 거세졌어요.

◀ 전쟁에서 승승장구하는 히틀러.

있었답니다. 결국 연합군은 완전히 포위되었어요.

처칠은 북부 프랑스에서 위협당하는 영국 · 프랑스 연합군을 된 케르크에서 영국 본토로 철수*시키기로 했어요.

된케르크의 철수가 시작되었어요. 구할 수 있는 배를 모두 동원 해서 군사들을 철수시키고, 그 사이 하늘에서는 영국 공군들이 배 를 폭격하려는 독일 공군에 맞서 싸웠어요.

철수 작전은 성공적으로 끝났어요. 이 작전에서 영국군 22만 4천 명, 연합군 11만 3천 명을 구출했어요.

처칠은 하원에서 보고를 마친 뒤 이렇게 끝을 맺었어요.

"우리는 끝까지 힘차게 나아갈 것입니다. 어떤 어려움이 닥치더 라도 조국을 끝까지 지킬 것입니다. 결코 항복하는 일은 없을 것 입니다."

1940년 6월, 결국 프랑스는 독일군의 심한 폭격에 견디다 못해 휴전을 선언했어요. 독일에게 항복한 것이지요. 같은 날, 이탈리아 의 무솔리니도 영국과 프랑스에 선전 포고를 했어요.

*철수
거두어들이고 물러남.

그 다음 날, 처칠은 피가 끓는 목소리로 말했어요.

"프랑스의 싸움은 끝났습니다. 이제부터는 영국이 싸워야 합니다. 우리 영국의 운명은 이 싸움에 걸려 있습니다. 만약 실패하면 전세계는 어두운 시대로 가라앉게 될 것입니다. 지금이 바로 용기를 낼 때입니다."

본격적인 싸움이 시작되었다고는 하지만 영국에는 전차 200대와 대포 500문밖에 없었어요. 독일에 비하면 매우 초라한 군대였지요. 히틀러는 자신만만했어요. 그는 영국의 항복도 시간 문제라고 생각하고 있었어요.

겉과 속이 다른 히틀러는 능청스럽게 말했어요.

"독일은 이제 전쟁을 그만두고 싶다. 난 전쟁에서 희생된 사람들을 생각하면 가슴이 아프다."

히틀러는 스웨덴이나 미국을 통해서 영국에 화평*을 제안했으나, 처칠은 방송을 통해 단호하게 말했어요.

"우리는 끝까지 싸울 것이다."

이 말에는 히틀러도 놀랐어요. 괘씸해진 히틀러는 괴링 공군 장관에게 런던 폭격을 명령했어요. 매일 밤 수백 대의 폭격기가 런던을 폭격했어요.

영국 역사상 가장 고통스러운 시절이었어요. 독일군은 런던뿐만 아니라 전국 곳곳의 주요 도시들까지도 마구 폭격을 해댔어요. 수상 관저도 폭격으로 망가져, 처칠은 방공호*에서 부인과 함께 생활하며 지휘했어요. 처칠은 아무리 폭격이 심해도 도망치려 하지 않았어요.

▲ 독일군의 폭격으로 무너진 수상 관저.

* 화평
나라끼리 사이좋게 지냄.

* 방공호
폭격을 피하기 위해 땅을 파고 마련한 시설.

싸움은 바다에서도 펼쳐졌어요.

독일에는 강력한 잠수함인 U보트가 있었어요. 처칠은 U보트를 물리치기 위해서는 구축함*이 필요하다고 생각하고 미국의 루스벨트 대통령에게 부탁을 했어요.

"낡은 구축함이라도 괜찮으니 사오십 척만 빌려 주십시오."

한편 영국 본토 침입에 성공을 거두지 못하자, 히틀러는 발칸 반도의 여러 나라에 손을 뻗치기 시작했어요. 먼저 헝가리, 유고슬라비아, 그리스가 독일에게 짓밟히고 말았어요.

1941년 6월 22일 일요일, 소련의 스탈린은 조카와 함께 흑해 근처에 있는 별장에 와 있었어요. 스탈린은 요트를 타고 낚시를 하러 나갔어요.

시간이 얼마나 지났을까, 저 멀리서 새하얀 물결을 일으키며 요트 한 대가 스탈린 쪽으로 다가왔어요.

*불가침 조약
나라와 나라 사이에 서로 침범하지
않겠다고 맺는 조약.

"스탈린 동지, 급한 연락이 왔습니다. 독일군이 우리 영토를 침입했습니다. 지금 모든 국경에서 전투가 벌어지고 있답니다."

스탈린은 아무 말 없이 낚싯줄을 걷어 올렸어요.

"히틀러가 날 속였군!"

그동안 독일과 소련은 불가침 조약*을 맺고 있었어요. 소련은 그 조약을 성실히 지켰을 뿐만 아니라, 독일에 석유와 밀가루까지 보내주고 있었어요. 그런데 독일이 약속을 어긴 것이지요.

처칠은 히틀러가 언젠가는 소련을 공격할 것이라고 생각했어요. 그래서 이제까지 여러 차례에 걸쳐 스탈린에게 조심하라고 했지만 그는 콧방귀만 뀌고 있었어요.

처칠의 경고가 사실로 나타나자 스탈린은 매우 당황했어요. 그리고 처칠에게 무기와 물자를 보내 달라고 호소했어요. 처칠은 즉각 스탈린의 청을 받아들였어요.

20세기의 빛나는 인물

1941년 8월 9일, 처칠과 루스벨트는 캐나다 뉴펀들랜드에서 만났어요.

루스벨트와 처칠은 남의 나라를 침략해 평화를 깨뜨리는 나라에 대해서는 무기를 빼앗는 것이 필요하다고 의견을 모았어요. 그리고 세계대전에서 승리하기 위한 기본적인 틀을 정해 발표했어요. 이것이 바로 '대서양 헌장'*이에요.

두 사람은 이것을 소련의 스탈린에게 보내고 모스크바에서 함께 회의를 열자고 제안했어요.

그 사이에 독일군은 소련의 수도인 모스크바 앞까지 쳐들어갔어요. 독일에게는 모스크바를 10월 중에 꼭 함락시켜야 할 이유가 있었어요. 11월에는 매서운 추위가 오기 때문이었지요.

스탈린은 모스크바에 계엄령*을 선포하고 모스크바를 지킬 것을 명령했어요. 스탈린 자신도 모스크바에 머물렀어요.

마침내 독일군이 가장 두려워하는 추운 겨울이 찾아왔어요. 히틀러는 승리를 눈앞에 두고도 모스크바를 빼앗을 수 없었어요.

히틀러의 탱크는 대지에 얼어붙었고, 폭격기도 추위에는 꼼짝 못했어요. 게

▼ 루스벨트(왼쪽)와 처칠.

다가 독일군에게는 겨울 장비가 부족했어요. 보급로*는 소련의 공격으로 파괴되었고, 그 때문에 병사들은 배고픔과 추위에 떨어야 했어요.

한편 미국은 일본이 점점 세력을 넓혀 나가는 것에 반대했어요. 화가 난 일본은 하와이의 진주만을 공습했고, 두 나라 사이에 태평양 전쟁이 시작됐어요.

영국과 미국은 이 기나긴 전쟁에서 운명을 같이하기로 했어요. 일본 때문에 전쟁에 뛰어들게 된 미국은 독일과 이탈리아에 선전 포고를 했어요. 영국도 일본에 선전 포고를 하고, 동남아시아에 있던 영국군은 일본에 맞서 싸웠어요.

처칠은 미국과의 협력이 더욱 중요한 때라고 생각하고 직접 미국으로 가 루스벨트를 만났어요. 일본의 힘이 얼마 남지 않았음을 예감한 처칠은 루스벨트에게 자신의 생각을 말했어요.

"일본은 진주만을 공격할 때 자신이 갖고 있는 능력을 모두 썼습니다. 비행기도 한 달에 300대에서 500대밖에 만들지 못하니 앞으로 전쟁을 계속하기는 힘들 겁니다. 그러므로 될 수 있는 대로 많은 병력을 흩어지게 하고, 물자 보급로를 길게 만들어 배와 비행기가 부족하도록 해야 합니다. 일단 중국과 아프리카를 완전히 잡아서 지중해의 안전을 꾀하고, 그 후에 프랑스 상륙 작전을 실시하는 게 어떻겠습니까?"

루스벨트 대통령도 처칠의 생각에 찬성했어요.

전쟁의 형편은 영국에게 불리하게만 펼쳐지고 있었어요. 일본은 싱가포르를 삼키고, 미얀마에도 쳐들어갔어요. 그런데도 소련은 다시 독일의 공격이 시작되자 군수품*을 보내 달라고 영국에 요구했어요. 처칠은 소련의 어려운 상황을 이해하고 소련의 요구를 다 들어 주었어요.

처칠은 소련이 독일에게 항복하지 않도록 스탈린을
만나 영국·미국 연합군이 올해 안에 북아프리카에 상
륙할 것이며, 프랑스에 상륙해서 새로운 전선을 만드
는 일은 내년까지 기다려야 한다고 설명했어요. 스탈
린도 충분히 동의했어요.

그 무렵, 아프리카의 사막에서는 독일의 롬멜 장군
이 이집트 카이로를 향해 내닫고 있었어요. 그러나 그

▲ 스탈린(왼쪽)과 처칠.
처칠은 소련의 어려운 상황을 이해해
스탈린의 요구를 다 들어 주었어요.

앞에는 미국으로부터 지원 받은 최신 무기를 가진 영국군이 기다리
고 있었어요. 롬멜은 이 전투에서 크게 패하고 겨우겨우 살아남은
군사들을 모아 후퇴할 수밖에 없었어요.

이것은 영국군이 올린 첫 승리였어요.

같은 무렵, 소련의 스탈린그라드에서도 독일군과 소련군이 죽음
을 무릅쓰고 싸우고 있었어요. 그러는 동안에 다시 겨울이 왔어요.
볼가 강이 얼어붙자 독일 병사들이 항복을 했어요. 이것은 소련이
처음으로 올린 승리였어요.

그 해 12월, 미군은 예정대로 북아프리카에 상륙했고, 다음 해 5
월에는 북아프리카에서 독일군과 이탈리아 군을 완전히 내쫓는 데
성공했어요.

처칠, 루스벨트, 스탈린 세 사람은 이란의 테헤란에 모여 회담을
열고, 독일을 공격하기 위해 프랑스 해안에 연합군을 상륙시키는
작전에 대한 의논을 했어요.

제2차 세계대전의 운명을 결정할 작전이 시시각각 다가오고 있었
어요.

1944년 6월 6일 새벽녘, 날씨는 나빴지만 연합군 최고 사령관인
미국의 아이젠하워 장군은 작전 시작을 명령했어요.

▲ 이집트의 알 알라메인에서 영국군에
패한 독일의 롬멜 장군.

수천 척의 배가 프랑스 노르망디 반도를 향했어요. 지상 최대의 작전이 시작된 것이었어요.

작전은 대성공이었어요. 엿새 동안 33만 명의 연합군이 프랑스 해안에 올라 독일군을 공격하기 시작했어요. 전투 경험이 많지 않은 연합군은 처음에는 많은 사상자를 냈지만 결국 독일군을 항복시키고, 프랑스를 독일의 지배 아래에서 구해 냈어요.

▲독일군을 공격하는 연합군.

처칠은 제1차 세계대전의 종전* 기념일인 11월 11일을 택해 파리를 방문했어요.

영국으로 망명하여 5년 동안 고생한 끝에 다시 파리로 돌아와 임시 정부를 만든 프랑스의 드골 장군은 감격스럽게 처칠을 맞이했어요.

드골은 처칠을 차에 태우고 개선문을 향해 달렸어요. 수많은 시민이 만세를 외쳐댔어요. 처칠은 전쟁에서 목숨을 잃은 군사들의 묘를 찾아가 꽃다발을 바쳤어요.

1945년 2월, 소련의 크림 반도에 있는 얄타에서는 처칠과 루스벨트, 스탈린이 다시 만나 앞으로의 일을 의논했어요.

독일의 항복은 이제 시간 문제였어요. 하지만 일본은 좀더 오래 끌 것 같았어요. 그렇게 되면 미군은 일본 본토에 상륙해 전쟁을 해야만 했어요. 그것은 미국에 커다란 손해를 끼치는 일이었지요.

그래서 루스벨트는 소련에게도 일본에 대해 선전 포고를 해 줄 것을 기대하고 있었어요. 일본의 힘을 조금이라도 빨리 약화시키기 위해서였지요.

그 무렵 일본과 소련은 불가침 조약을 맺고 있었어요. 스탈린은 말했어요.

"독일이 항복한 후 3, 4개월이 지나면 그때 일본과 싸우겠소. 그 대신 우리의 요구를 들어주시오."

일본을 항복시키기 위해 소련이 빨리 참전해 주기를 바란 루스벨

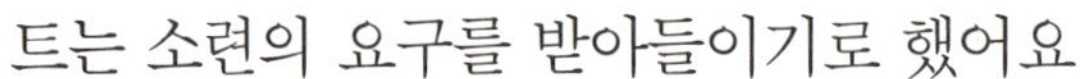

▲ 루스벨트(왼쪽)와 처칠은 사이좋은 친구였어요.

트는 소련의 요구를 받아들이기로 했어요.

아직 전쟁이 끝나지 않은 1945년 4월 12일, 루스벨트 대통령이 뇌일혈*로 세상을 떠났어요. 처칠과 루스벨트는 1,700통이나 되는 편지를 주고받았으며, 정치가로서는 드물게 서로 의지하고 돕는 사이좋은 친구였어요. 처칠은 귀한 친구를 잃어 너무나 슬펐어요.

"루스벨트는 우리가 지금껏 사귀었던 가장 위대한 친구였습니다. 그는 우리에게 헤아릴 수 없을 정도의 원조를 보내 주었고, 만약 그가 없었더라면 영국은 틀림없이 전쟁에 지고 말았을 것입니다."

의회에서의 연설에서, 처칠은 이렇게 루스벨트에 대한 고마움을 나타냈어요.

4월 30일, 하늘 무서운 줄 모르던 독일의 히틀러는 총통 관저의 방공호에서 점심을 먹은 후 조용히 방에 들어갔어요.

오후 3시 반, 권총 소리가 울렸어요. 사람들이 깜짝 놀라 뛰어 들어갔어요. 히틀러가 의자에 피를 흘리며 쓰러져 있었어요.

12개월에 걸친 이탈리아의 싸움도 끝이 났어요. 무솔리니는 몇 사람과 스위스 국경 쪽으로 도망치던 도중에 이탈리아 유격대에게 붙잡혀 총에 맞아 죽었어요.

5월 7일, 독일은 무조건 항복한다는 내용의 문서에 서명했어요.
그리고 다음 날 8일 자정을 기해 모든 전투 행위가 중지되었어요.

처칠은 자동차를 타고 의사당으로 향하고 있었어요. 거리는 전쟁
에서 승리한 수상을 환영하는 군중으로 가득했어요. 자동차는 군중
들에 의해 저절로 움직였어요.

"처칠 수상 만세 !"

"자랑스러운 우리의 지도자 만세 !"

처칠은 자동차에서 내려 손을 흔들며 사람들에게 답례를 했어요.

의사당에 도착한 처칠은 짧은 연설을 마친 후, 큰 소리로 승리의 노래를 불렀어요. 사람들도 따라 부르기 시작했어요. 노랫소리가 온 런던 시내에 울려퍼졌어요. 모두들 전쟁이 끝나고 평화가 찾아온 것을 축하했어요.

▲ 국민들에게 힘을 주는 '승리의 V자'.

이처럼 처칠을 아끼고 사랑하는 영국 국민들이었지만, 일본이 항복할 때까지 전쟁을 계속하려는 처칠과 보수당의 생각에는 반대하는 사람들이 많았어요. 그동안의 전쟁에 너무 지쳐 있었던 것이지요. 결국 1945년 7월 25일 열린 총선거에서 처칠의 보수당은 개혁을 외치는 노동당에게 지고 말았어요.

처칠은 시가*를 입에 물고 유유히 수상 관저를 나섰어요. 거리에 나온 사람들은 섭섭하고 아쉬운 마음으로 처칠을 바라보았어요.

* 시가
잎담배.

처칠은 걸음을 멈추고 서서 오른손을 올려 브이(V) 자를 만들어 보였어요. 길 가는 사람들은 손을 흔들며 그에 답했어요.

수상의 자리에서는 물러났지만, 처칠은 여전히 야당 의원이었어요. 처칠은 활발하게 정치가로서의 활동을 계속하면서 회고록인 〈제2차 세계대전〉을 쓰기 시작했어요. 전부 여섯 권이나 되는 이 책은 처칠에게 노벨 문학상을 안겨 주었어요.

1951년, 처칠은 77세의 나이에 두 번째로 수상이 되었어요. 미국을 방문한 처칠은 미국 의회에서 다음과 같은 연설을 하며 다시 한 번 미국과의 친분을 강조했어요.

"과거의 적(독일)이 우리 편이 되고, 우리 편
(소련)이 적이 되었습니다. 이것은 소련
이 우리의 뜻을 짓밟은 행위입니
다. 그러나 미국이나 영국

▲ 국민들의 환호를 받는 처칠.

그리고 서유럽의 여러 나라들이 단결하고 협력한다면 소련도 태도를 바꾸게 될 것입니다."

1953년 3월, 소련의 스탈린 수상이 세상을 떠났어요. 이것으로 히틀러와 싸웠던 세 사람 중 이제 처칠만이 남았어요.

그 해 5월, 처칠은 하원에서 다음과 같이 연설했어요.

"나는 8년 전, 동서 간의 전쟁을 그만두자고 스탈린에게 나의 뜻을 전한 적이 있습니다. 지금도 그 생각은 변함이 없습니다. 세계는 지금도 불안 속에 있습니다. 당장이라도 연합국의 지도자가 모여 이 문제에 대해 의논해야 합니다."

이처럼 처칠은 끊임없이 세계의 평화를 지키기 위해 애를 썼어요. 하지만 아쉽게도 처칠이 수상 자리에 있는 동안 소련과 정상 회담*을 여는 데는 성공하지 못했어요.

같은 해 영국에서는 엘리자베스 2세가 여왕의 자리에 올랐어요. 여왕은 처칠에게 영국 최고 훈장인 가터 훈장을 수여했어요. 처칠은 이제 '윈스턴 경'으로 불리게 되었어요.

1954년 11월, 처칠은 80세가 되었어요. 런던의 웨스트민스터 홀에서 열린 처칠의 생일잔치에는 엘리자베스 여왕을 비롯한 수많은 사람들이 와서 처칠의 건강을 기원하며 축하해 주었어요.

다음 해 4월, 처칠은 외무 장관인 앤서니 이든에게 수상직을 넘기고 물러났어요.

온 세계가 숨죽인 슬픈 뉴스

윈스턴 처칠 전 영국 수상 중태.

긴급한 뉴스가 영국은 물론 전세계에 알려졌어요. 뉴스가 전해지자 처칠의 집 앞에는 수많은 사람들이 모였어요.

나이가 많은 처칠은 여러 번 쓰러졌어요. 그러나 그때마다 거뜬히 다시 일어났지요. 처칠을 사랑하는 영국 국민들은 이번에도 기적이 일어날 것이라고 믿었어요.

▲처칠의 죽음을 애도하기 위해 모여든 영국 국민들.

윌슨 수상을 비롯한 가까운 사람들이 잇달아 처칠의 집으로 달려왔어요. 그런데 돌아갈 때에는 한결같이 어두운 얼굴이었어요.

1965년 1월 24일, 런던에는 아침부터 비가 촉촉이 내렸어요.

아침을 먹고 있던 런던 시민들은, 8시 무렵 라디오의 뉴스 속보를 들었어요. 처칠이 사망했다는 소식이었어요. 우연히도 이날은 70년 전에 처칠의 아버지 랜돌프 처칠이 세상을 떠난 날이었어요.

사람들은 들고 있던 나이프와 포크를 살며시 놓은 후 눈을 감고 기도했어요. 라디오에서는 1940년 5월 13일 처칠이 수상에 취임할 때 했던 연설이 흘러나왔어요.

▲처칠의 장례식 행렬.

"……내가 여러분에게 내놓을 수 있는 것은 단지 나의 피와 노력과 눈물과 땀뿐입니다. 그것은 바다와 육지와 하늘에서 온 힘을 기울여 적과 싸우는 일입니다. 또 영국의 마지막 목표는 단 한 가지, 승리뿐입니다. 아무리 힘들고 어려워도 승리해야 합니다……."

녹음되었던 연설이 끝나자 제2차 세계대전의 승리를 알려 주었던 음악, 베토벤 교향곡 5번 〈운명〉이 흘러나왔어요. 국회 의사당에는 조기*가 걸리고, 교회에서는 슬픈 종소리가 끊이지 않았어요.

"윈스턴 처칠 경은 스스로 역사를 만들고 스스로 역사를 썼다."

윌슨 수상은 처칠의 죽음을 슬퍼하며 이렇게 중얼거렸어요.

처칠의 집 앞에는 어른 아이 할 것 없이 수백 명의 사람들이 자리에서 떠날 줄 모르고 울고 있었어요.

처칠의 시신은 영국 국민의 마지막 인사를 받기 위해 의사당 내의 웨스트민스터 홀에 안치되었어요. 관 위에는 가터 훈장도 얹혀 있었어요.

빅벤의 종소리가 잔뜩 찌푸린 하늘에 슬프게 울려퍼졌어요. 수많은 사람들의 마지막 인사를 받으며 처칠의 장례 행렬은 런던을 떠나, 그가 나고 자란 블렌엄 궁으로 향했어요. 그리고 처칠은 블렌엄에 있는 부모님의 무덤 옆에서 영원히 잠들었어요.

평화! 이것은 전세계 모든 사람들이 소망하는 단어입니다. 하지만 역사를 살펴보면 수많은 이해 관계 때문에 이 '평화'를 위협했던 순간들이 참 많았습니다. 윈스턴 처칠은 전쟁의 소용돌이 한가운데에 있었습니다. 그는 인류 역사상 가장 끔찍했던 1, 2차 세계대전을 겪었지요. 두 차례의 전쟁을 평화로 이끌면서 그는 역사 속에 '평화의 수호자'로 이름을 남겼습니다. 여러분, 처칠은 우리와 무엇이 달랐을까요? 우리 함께 그 궁금증을 풀어 볼까요?

● 꼴찌 처칠, 지능이 낮았을까?

▲ 학창 시절의 처칠.
처칠은 아버지의 말씀을 듣고 열심히 공부를 했어요.

▲ 처칠의 아버지, 랜돌프.

　처칠의 할아버지는 아일랜드 총독이었어요. 그래서 처칠은 어린 시절 더블린에서 생활했어요. 처칠은 열두 살에 해로 학교에 입학했어요. 하지만 심술 많은 선생님과 바쁜 부모님 때문에 어린 시절은 불행했어요. 게다가 처칠은 라틴 어와 그리스 어에는 전혀 흥미를 느낄 수 없어 항상 꼴찌를 도맡아 했지요. 그러나 펜싱과 수영은 무척 좋아했어요.

　아버지는 랜돌프는 이런 처칠이 지능이 낮아 정치가로 성공할 수 없다고 생각했답니다. 그래서 처칠은 샌드허스트 육군 사관학교에 입학했습니다. 그는 군사 과목에서 우수한 성적을 받았으며, 1895년에는 유명한 제4 경기병에 입대할 수 있었습니다.

◀ 샌드허스트 육군 사관학교에서 친구들과 함께.
왼쪽 끝이 처칠이에요.

▲ 샌드허스트 육군 사관학교.

▲ 꾸준한 노력 끝에 처칠은 훌륭한 웅변가가 되었어요.

● 책벌레 처칠은 웅변가?

　1896년 9월부터 처칠은 인도에서 군인으로 근무했습니다. 평화로운 시절이라 처칠은 책을 무척 많이 읽었습니다. 역사책을 비롯하여 철학·경제학·정치학 책을 항상 옆에 두고 살았지요.

　또 이야기할 때 혀가 꼬부라지는 단점이 있었지만, 이 결점을 고치기 위해 무척 노력했습니다.

　꾸준한 노력 때문일까요? 처칠은 명연설을 많이 했고 사람들은 그를 뛰어난 웅변가로 기억하고 있답니다. 하지만 즉석에서 말하는 것이 서툴렀던 처칠은 미리 원고를 써서 밤새 외웠다고 합니다.

▲ 용감한 청년 장교였던 처칠.

▲ 히틀러의 음흉한 속내를 알리려고 연설하는 처칠.

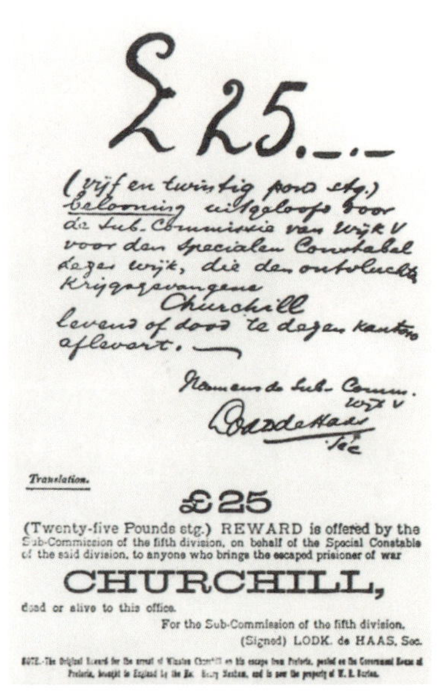

▲ 처칠이 쓴 '살 것인가, 죽을 것인가'라는 기사.

● 처칠은 군인일까, 신문 기자일까?

처칠은 군인과 신문 기자라는 두 직업을 동시에 수행했습니다. 인도 신문인 〈파이어니어〉와 런던의 〈데일리 텔레그래프〉, 〈모닝 포스트〉 신문사에 기사를 실었어요.

또 키치너 장군이 지휘한 나일 원정에도 군인 겸 종군 기자로 참전했습니다. 그는 폴로 시합을 하다가 어깨가 빠졌음에도 불구하고 1898년 9월 2일의 옴두르만 전투에 제21 창기병대 소속으로 돌격전에 참가했어요. 자신의 경험을 생생하게 썼기 때문에 그의 기사는 언제나 인기가 좋았습니다.

▲ 장교 시절의 처칠.

● 처칠은 예언자?

1914년 8월 4일, 영국은 제1차 세계대전에 참가했습니다. 처칠은 3년 전에 이미 독일군의 음모를 예견하고 전투력을 키웠지요. 제1차 세계대전에서 승리

▲ 선두에 서서 적진 한가운데로 돌격하는 처칠의 모습.

▲ 보어 군에게 잡힌 인질.
처칠도 보어 군에게 인질로 잡혔었어요.

한 영국은 마음을 놓고 있었어요.

하지만 처칠은 독일의 재무장과 팽창 정책에 대해 계속 경고를 했지만 영국 국회는 그의 의견을 무시했어요. 제2차 세계대전이 벌어지고 1940년 5월 10일 독일군이 네덜란드를 침입하자, 처칠은 총리직에 오르게 되었습니다.

히틀러의 독일 군대가 동맹국인 프랑스를 함락했습니다. 처칠은 소련의 스탈린과 미국의 루스벨트 대통령에게 독일의 위험성을 경고했어요. 소련과 미국은 처음에는 그의 경고에 시큰둥했지요. 하지만 독일이 소련을 공격하고, 미국의 선박이 독일에게 공격당하자 두 나라는 영국과 협력하기 시작했지요.

바쁜 일정 속에서도 루스벨트와 스탈린과의 회담을 계획하던 처칠은 1943년에 폐렴으로 두 번이나 쓰러졌어요. 하지만 처칠의 노력으로 연합군의 힘은 나날이 강해져 드디어 독일군에게 항복을 받게 되지요. 이렇게 세계의 흐름을 보는 눈이 탁월했기에 처칠은 예언자라는 별명을 얻었답니다.

처칠은 총리직을 사임한 후에도 계속해서 하원에 의석을 가지고 있었으며, '의회의 아버지'라고 불렸습니다. 많은 사람들이 그를 '현존하는 최대의 영국인'으로 생각했어요. 1965년 1월 24일 런던에서 죽었을 때 그의 장례식은 왕족이 아닌 사람으로는 최초로 국장으로 거행되었어요. 그리고 블렌엄 궁 가까이 있는 블래든의 교회 묘지에 조용히 묻혔습니다.

▲ 폴로 경기를 무척 좋아했던 처칠.

▲ 처칠은 세계의 흐름을 보는 눈이 탁월했어요.

▲ 처칠이 마지막 숨을 거둔 집.

● 손가락으로 만드는 '승리의 V자'의 창시자

처칠은 어려울 때마다 손가락으로 승리의 V자를 그렸어요. 전쟁으로 고통받는 국민들에게 힘을 주고자 만든 표시이지요.

나중에는 선거에서 떨어져도 환하게 웃으며 사람들에게 V자를 보여 주었답니다. 국민들은 이런 지도자 처칠을 변함없이 믿었어요.

● 진정한 '노블레스 오블리주'

노블레스 오블리주란 '고귀한 자는 고귀한 일을 해야 한다'라는 뜻이에요.

처칠은 제2차 세계대전 당시에 진정한 '노블레스 오블리주란 이런 것이다!'라는 것을 보여준 인물이지요.

그는 자신의 한 명뿐인 아들 랜돌프와 자신의 딸들을 모두 전쟁 기간 동안 군 복무를 시켰어요. 아들은 특사로도 보냈고, 둘째 딸인 사스는 얄타 회담에 참가할 때 자신의 비서로 데리고 갔어요.

그의 아내 클레멘타인 처칠도 이러한 남편의 뜻을 이어받아, 캐나다로 자신들의 어린 자식들을 도망시키려던 친척들을 모두 불러서 "만약 자식들을 도망시키는 일을 취소하지 않을 경우, 인연을 끊겠다!"고 경고해 친척들은 이 경고를 받아들였다고 해요. 국민과 함께 고통을 겪고 실천하는 지도자 처칠의 모습을 잘 보여주는 일화이지요.

▲처칠의 딸, 마리.
그는 자식을 사랑했지만 전쟁터로 내보냈어요.

● 나라 살림을 현명하게 꾸려 나간 처칠

그는 정치가로서 좋은 법을 많이 만들었어요. 명문가에서 태어났지만 그는 언제나 노동자의 입장을 생각했지요.

보수당은 그를 '계급의 배신자'라며 공격했어요. 하지만 능력을 인정받은 처칠은 1908년 통상 장관으로 임명됐어요. 장관이 된 처칠은 어떤 일을 했을까요?

◀처칠의 독서는 영국을 복지 국가로 만든 힘이었어요.

노인연금, 건강보험, 실업자 구제를 위한 직업 소
개소, 노동 시간을 제한하는 공공기관 설립, 형무
소의 생활 조건을 개선하는 개혁안, 부자에게 무
거운 세금을 걷게 하는 법 등등. 참 많지요? 당시
처칠은 인기 많은 청년이었음에도 가난한 집안의
딸 클레멘타인과 결혼해 모두를 놀라게 했어요.
　사람들은 전쟁에서 승리한 처칠만을 기억하지
요. 하지만 나라 살림을 현명하게 꾸려 나갔기 때
문에 영국인들이 처칠을 더욱 존경하는 것입니다.

▲ '승리의 V자'의 창시자, 처칠.

● 노벨 문학상을 수상한 처칠

　처칠은 뛰어난 문장가로도 인정받았어요. 그는 정치 활동을 하면서도 꾸준히
책을 썼어요. 그의 책은 많은 사람들에게 사랑을 받아 작가로서의 명성도 높았
답니다. 〈랜돌프 처칠 경〉, 〈말버러, 그 생애와 시대〉, 〈제2차 세계대전〉, 〈영어
사용 민족들의 역사〉 등의 책을 남겼어요. 1953년에는 〈제2차 세계대전〉으로
노벨 문학상까지 수상했어요. 또 화가로 활동한 경험도 있답니다.

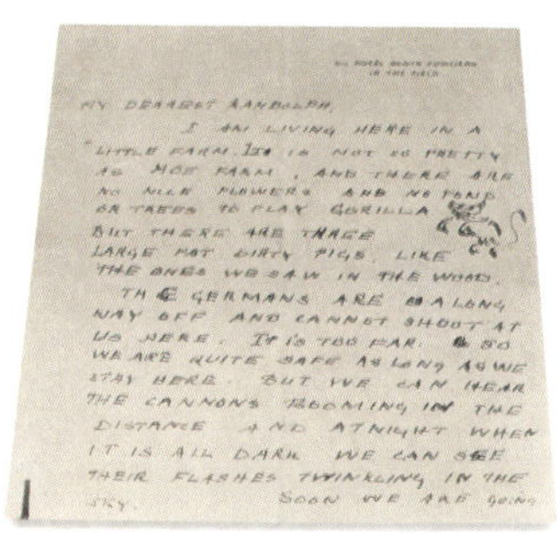

▲ 처칠이 아들 랜돌프에게 쓴 편지.

▲ 문학과 그림에도 조예가 깊었던 처칠.

▲ 1951년 〈타임〉 지는 처칠을 위대한 지도자
로 뽑았어요.

처칠 (1874~1965) 연표

	처칠의 생애	한국사 주요 사건	세계사 주요 사건
1874	11월 30일 블렌엄 궁에서 태어남.	강화도 연안 포대 축조 완성.	독일 노동자동맹 해산.
1883	해로 학교에 입학함.	〈한성순보〉 창간.	수단에서 인후디의 반란 고조.
1893	샌드허스트 육군 사관학교 입학 시험에 합격함.	중림동 약현성당 준공.	독일에서 군비 확장 법안 성립.
1894	육군 사관학교를 졸업함.	갑오개혁.	청·일 전쟁(~1895).
1895	경기병 제4연대 소속 기병 소위로 부임함.	을미사변.	청-일본 시모노세키 조약 체결.
	쿠바 종군을 위하여 아바나로 감.		
1896	제4 경기병 연대 인도 주둔 명령, 뭄바이에 닿음.	〈독립신문〉 창간.	제1차 올림픽 대회(아테네) 개최.
1897	인도 국경에 반란이 일어나 신문사 특파원으로	국호를 대한제국으로 고침.	그리스-터키 전쟁 발발.
	종군함.		
1898	첫 작품 〈말라칸드의 야전군 이야기〉를 출판함.	독립협회, 만민공동회 개최.	미국, 하와이 병합.
	수단 전쟁에 참가함.	동학 교주 최시형 처형.	
1899	〈강의 싸움〉을 출판함.	경인선 개통.	헤이그 국제회의.
	〈모닝 포스트〉 신문 특파원으로 남아프리카의	광제원 개설.	독일, 바그다드 철도 부설권 획득.
	케이프에 감(보어 전쟁). 11월 보어 군의	서울에서 전차 운행 시작.	보어 전쟁 시작(~1902).
	포로가 됨. 12월 프리토리아의 포로수용소를	〈독립신문〉 폐간.	영국에서 노동자 대표자 회의 개최.
	탈주함.		
1900	9월 올덤 지구에서 처음으로 하원 의원에 당선함.	태극기 규정 발표.	중국, 의화단 사건.
1908	상공 장관에 임명됨.	최남선, 〈소년〉 창간.	불가리아 왕국 독립 선포.
	클레멘타인 도지에와 결혼함.	일제, 동양척식회사 설립.	
1914	제1차 세계대전에 참기함.	지방 행정구역 개편.	제1차 세계대전(~1918).
1915	다르다넬스 작전 실패로 해군 장관을 물러남.	총독부, 조선물산공진회 개최.	영국·프랑스·러시아가 비밀협정 체결.
1916	서부전선에 참가함	박중빈, 원불교 창시.	솜 전투에서 연합군 총반격 감행.
	솜 전투에서 탱크를 발명.		아인슈타인의 〈일반상대성이론〉 출간됨.
1919	육군 장관이 됨.	3·1 운동.	베르사유 조약 성립.
1939	체임벌린 내각의 해군 장관에 임명됨.	경춘선 개통식.	제2차 세계대전 발발.
1940	보수당·노동당·자유당 연립 내각의 수상이 됨.	일제, 창씨개명 실시.	독일군이 덴마크·노르웨이를 침공.
	된케르크 철수 작전 성공함.		이탈리아가 영국·프랑스에 선전 포고.
1941	미국의 루스벨트 대통령과 '대서양 헌장'을 발표함.	대한민국임시정부, 대일선전포고.	태평양 전쟁 발발.
1943	카이로 회담, 테헤란 회담에 참석함.	일제, 징병제 실시.	이탈리아, 연합군에 항복.
1944	노르망디 상륙 작전 시작.	국민총동원법에 의거, 징용제 실시.	연합군의 노르망디 상륙 작전 감행.
1945	얄타 회담, 포츠담 회담에 참가함.	8·15 해방.	얄타 회담.
	수상에서 물러남.	신탁통치안 결의.	포츠담 선언.
1953	〈제2차 세계대전〉으로 노벨 문학상 받음.	6·25 전쟁 휴전협정 조인.	소련의 스탈린 사망.
1964	영국의 최고 명예인 '가터 훈장' 받음.	6·3 사태 발생.	미국, 레인저 7호, 달 표면 촬영.
1965	하원 의원 생활을 끝냄.	한일협정 조인.	잠비아 독립.
	1월 24일 런던 하이드 파크 집에서 세상을 떠남.		

① 처칠이 해로 학교를 졸업하고 군인이 되기 위해 입학한 학교의 이름은 무엇이며, 어떤 과정을 거쳐 들어갔나요?

② 처칠이 소위가 되어 처음으로 전쟁 모험을 하기 위해 뛰어든 나라는 어디었나요? 또 친구 누구와 함께 갔나요?

③ 남아프리카의 트란스발 원주민들과 영국군이 싸울 때 처칠도 참가했었지요. 이 원주민은 무슨 족이었나요? 또 포로가 되었을 때 그를 도와준 사람은 누구였나요?

④ 처칠이 정치의 꿈을 품고 첫 승리를 거둔 선거구는 어디었나요?

⑤ 제1차 세계대전의 시작은 오스트리아 황태자 부부의 죽음 때문이었어요. 오스트리아 황태자 부부는 시해당할 때 어느 나라에 있었나요? 그리고 범인은 어느 나라 청년이었나요?

⑥ 처칠은 독일의 전선을 뛰어넘기 위해 탱크를 발명했어요. 그리고 다르다넬스 작전 때 육군의 도움을 요청했어요. 이때 탱크를 장난감이라고 비웃고, 육군의 지원을 반대했던 장군은 누구였나요?

⑦ 제1차 세계대전 후 독일 나치스 당의 당수로 수상이 되어 전세계를 전쟁의 불길에 휩싸이게 한 사람은 누구인가요?

⑧ 처칠은 제2차 세계대전에서 독일의 U보트 잠수함을 격파시키기 위해 미국의 도움을 요청했어요. 그의 요구를 들어 준 미국의 대통령은 누구였나요?

⑨ 처칠과 루스벨트와 함께 얄타 회담을 갖고도 꿍꿍이속으로 폴란드까지 공산화하려고 했던 소련의 대원수는 누구인가요?

⑩ 미국의 루스벨트 대통령이 일본의 세력이 커지는 것을 주의하고 경고하자, 화가 난 일본은 미국의 진주만을 폭격하게 되었습니다. 이 전쟁을 무슨 전쟁이라고 하나요?

〈교과서 큰 인물 이야기〉 교과 수록 및 연계표

테마	권	작품	교과 수록 및 연계
의지와 기상	01	광개토대왕	초등학교 읽기 5-1 8.함께하는 세상 166쪽, 사회와 탐구 5-1 1.하나 된 겨레 20쪽, 중학교 역사(상) II.삼국의 성립과 발전, 대교 42쪽
	02	을지문덕	초등학교 사회과 탐구 5-1 1.하나 된 겨레 28쪽, 중학교 역사(상) III.통일 신라와 발해, 두산동아 71쪽
	03	계백	중학교 역사(상) III.통일 신라와 발해, 대교 78쪽
	04	김유신	초등학교 사회과 탐구 5-1 1.하나 된 겨레 30쪽, 중학교 역사(상) III.통일 신라와 발해, 두산동아 74쪽
	05	강감찬	초등학교 듣기·말하기·쓰기 4-2 2.하나씩 배우며 34쪽, 중학교 역사(상) IV.고려의 성립과 발전, 두산동아 104쪽
	06	이순신	초등학교 듣기·말하기·쓰기 4-2 5.정보를 모아 94쪽, 사회과 탐구 5-1 3.유교 전통이 자리 잡은 조선 102쪽
	07	알렉산더	중학교 역사(상) VII.통일 제국의 형성과 세계 종교의 등장, 대교 235쪽
	08	나폴레옹	초등학교 생활의 길잡이 3-2 1.소중한 나 17쪽
	09	칭기즈 칸	중학교 역사(상) IX.교류의 확대와 전통 사회의 발전, 대교 288쪽
지혜와 용기	10	장보고	초등학교 읽기 4-2 5.정보를 모아 98쪽, 사회과 탐구 5-1 1.하나 된 겨레 34쪽, 중학교 역사(상) III.통일 신라와 발해, 대교 96쪽
	11	왕건	초등학교 사회과 탐구 5-1 2.다양한 문화를 꽃피운 고려 44쪽, 중학교 역사(상) IV.고려의 성립과 발전, 두산동아 98쪽
	12	최영	초등학교 생활의 길잡이 4-1 1.바른 마음 곧은 마음 24쪽, 사회과 탐구 5-1 3.유교 전통이 자리 잡은 조선 76쪽, 중학교 역사(상) V.고려 사회의 변천, 대교 167쪽
	13	정약용	초등학교 생활의 길잡이 3-2 1.소중한 나 17쪽, 도덕 5 1.최선을 다하는 삶 19쪽, 사회과 탐구 5-2 1.조선 사회의 새로운 움직임 28쪽
	14	세종대왕	초등학교 사회과 탐구 5-1 3.유교 전통이 자리 잡은 조선 83쪽, 읽기 6-2 5.언어의 세계 125쪽
	15	황희	초등학교 생활의 길잡이 4-2 3.따스한 손길 행복한 세상 57쪽
	16	성삼문	중학교 역사(상) VI.조선의 성립과 발전, 미래엔컬처그룹 178쪽
	17	이항복	초등학교 읽기 4-1 6.의견을 나누어요 115쪽
	18	신채호	초등학교 사회과 탐구 5-2 2.새로운 문물의 수용과 자주독립 67쪽, 중학교 역사(상) III.통일 신라와 발해, 대교 80쪽
자유와 인권	19	링컨	초등학교 도덕 4-1 1.바른 마음 곧은 마음 13쪽, 생활의 길잡이 4-1 1.바른 마음 곧은 마음 24쪽, 읽기 4-2 3.서로 다른 의견 49쪽
	20	간디	초등학교 생활의 길잡이 3-1 5.나라를 사랑하는 마음 98쪽, 도덕 6 4.서로 배려하고 봉사하며 79쪽, 중학교 국어 1-2 4.체험과 깨달음, 디딤돌 125쪽
	21	전봉준	초등학교 사회과 탐구 5-2 2.새로운 문물의 수용과 자주독립 43쪽
	22	안중근	초등학교 읽기 5-2 2.사건의 기록 46쪽, 사회과 탐구 5-2 2.새로운 문물의 수용과 자주독립 37쪽
	23	마틴 루터 킹	초등학교 사회 6-2 1.우리나라의 민주 정치 41쪽, 듣기·말하기·쓰기 6-2 6.생각과 논리 122쪽, 중학교 도덕 1 III.나의 삶과 국가, 두산동아 195쪽
	24	만델라	초등학교 생활의 길잡이 3-1 5.나라를 사랑하는 마음 98쪽, 고등학교 사회 VIII.정치 과정과 참여 민주주의, 법문사 240쪽
	25	김구	초등학교 사회과 탐구 5-2 2.새로운 문물의 수용과 자주독립 37쪽, 듣기·말하기·쓰기 6-1 6.타당한 근거 112쪽
	26	유관순	초등학교 도덕 3-1 5.나라를 사랑하는 마음 99쪽, 읽기 5-1 8.함께하는 세상 170쪽, 사회과 탐구 5-2 2.새로운 문물의 수용과 자주독립 37쪽
	27	안창호	초등학교 도덕 3-1 5.나라를 사랑하는 마음 99쪽, 사회과 탐구 5-2 2.새로운 문물의 수용과 자주독립 37쪽, 읽기 6-2 3.문제와 해결 78쪽
예술과 창조	28	신사임당	초등학교 생활의 길잡이 4-1 2.내 일은 내가 하기 40쪽, 중학교 역사(상) VI.조선의 성립과 발전, 대교 197쪽
	29	김홍도	초등학교 읽기 4-2 2.하나씩 배우며 32쪽, 중학교 역사(상) VI.조선의 성립과 발전, 대교 199쪽
	30	이중섭	초등학교 듣기·말하기·쓰기 6-2 1.문학과 삶 14쪽
	31	레오나르도 다 빈치	중학교 역사(상) VIII.다양한 문화권의 형성, 대교 279쪽
	32	모차르트	초등학교 음악 6 1.나가자! 달리자, 금성출판사 13쪽, 중학교 음악 1 5.자연을 노래하는 우리, 금성출판사 74쪽
	33	베토벤	초등학교 생활의 길잡이 4-1 2.내 일은 내가 하기 47쪽, 중학교 도덕 2 IV.문화와 도덕, 미래엔컬처그룹 265쪽
	34	슈베르트	중학교 음악 1 6.서정을 노래하는 우리, 금성출판사 88쪽
	35	안데르센	초등학교 듣기·말하기·쓰기 6-1 국어 교실 함께 가꾸기 146쪽
	36	셰익스피어	고등학교 문학(상) II. 문학의 수용, 미래엔컬처그룹 92쪽, 문학(하) X.한국 문학과 문화, 교학사 307쪽
	37	톨스토이	초등학교 읽기 4-2 4.이럴 때는 이렇게 74쪽, 읽기 5-2 6.깊은 생각 바른 판단 158쪽, 중학교 도덕 3 I.삶의 목적, 중앙교육진흥연구소 42쪽
	38	스필버그	고등학교 문학(상) V.극문학의 수용과 창작, 태성 310쪽